한국에서 가장 신뢰받는

안철수 리더십

전도근 · 윤소영 공저

네 꿈을 실천하라
Take action on a dream

머리말

언제부턴가 우리 시대에 다음과 같은 조사 결과가 새삼스러울 것이 없게 느껴지게 되었다. 가장 존경하는 CEO 1위, CEO로 영입하고 싶은 리더 1위, 우리 시대 신뢰받는 리더-경영인 1위, 차세대 리더-경제 부문 1위, 직장인이 뽑은 최고의 멘토 1위……. 10년이 넘는 동안 수십 가지가 넘는 조사에서 안철수 교수는 이 시대 최고의 멘토이자 리더로 가장 많이 떠올린 시대의 리더로 꼽히고 있다.

그의 강연을 듣기 위해 매번 3,000명이 넘는 학생들이 몰려들고 있으며, 그가 출연한 방송은 예능도 두고두고 보아야 할 명작이 되고, 시청률 1위를 기록하고 있다. 무엇이 우리로 하여금 안철수를 원하게 하며, 그를 따르게 하는 것일까?

안철수는 평범한 학교생활 속에서도 서울대 의대에 입학하였다.

백신 프로그램을 만드는 벤처 사업가가 되었고, 대학교수가 되었다. 서울대학교 의학박사 학위까지 취득한 안철수는 최연소인 만 27세에 단국대학교 의대 학과장에 임명되어 안정된 생활을 누릴 수 있었다. 그러나 그는 의대 생활 중에 우연히 발견한 컴퓨터 바이러스를 치료하면서 새로운 삶을 살게 된다. 무려 7년 동안 의대 공부를 하면서도 바이러스 백신을 만든 것이다.

1995년에는 의대 학과장을 그만두고 안철수연구소를 세워 회사 CEO로 성공한다. 그런데 회사 창립 10년 만에 대표를 그만두고 미국의 와튼스쿨 MBA에 들어가 경영학 공부를 하는 학생이 되었다. 이후 카이스트 석좌교수로 재임하면서 공대 학생들에게 경영을 가르쳤으며, 현재는 서울대학교 융합과학기술대학원장으로 재직 중이다.

그의 이력은 읽는 것만으로도 숨이 가쁘다. 의사, 의대 교수,

CEO, 칼럼니스트, 학생, 경영학 교수 등으로 카멜레온처럼 변해온 이력 때문이다.

　현실에 안주하지 않고 도전하는 깨끗한 리더 안철수는 이 시대 리더의 대표가 되어 있다. 그런 만큼 리더가 되고 싶으면 안철수의 리더십을 배워 보자. 이 책이 이 시대를 짊어지고 갈 청소년에게 도움이 되기를 기대해 본다.

저자 일동

II. 꿈을 가져 봐 / 65

Ⅲ. 리더십을 가져라 / 99

Ⅳ. 배우고 경험하라 / 133

V. 원칙을 가져라 / 171

VI. 멘토를 통해 배워라 / 207

01

안철수의 성장

안철수의 성장

안철수는 어린 시절 남들과 다르지 않은 평범한 삶을 살았다.

초등학교에서는 어떤 것도 제대로 잘하는 것이 없는 평범한 학생이었다. 유일하게 관심이 있었던 것은 오직 독서였다.

고등학교에 들어가서야 공부를 제대로 하기 시작하였고, 3학년 때가 되어서야 전교 1등을 할 수 있었다. 그리고 서울대 의대에 입학하였으며, 같은 대학에서 석사, 박사를 하였다. 그러나 대학원에서 운명적으로 컴퓨터를 만나면서 인생이 큰 변화를 하였다.

컴퓨터에 대한 깊은 관심은 바이러스를 치료할 수 있는 백신을 개발하게 하였다. 백신 개발을 통해 그동안 해오던 의사나 교수직을 버리고 안철수연구소를 세우게 되었다. 안철수연구소를 통해 자신이 가진 도덕성과 선한 이미지로 인해 그는 우리나라에서 존경받는 리더가 되었다.

여기서는 안철수가 어떻게 자랐고 학창시절을 거치면서 어떠한 가치관을 형성해 갔는지, 그리고 지금까지 어떻게 살았는지 시간순으로 나열하였다.

01 외톨이였던 어린 안철수

안철수는 1962년 부산에서 태어났다. 당시 할아버지는 은행장을 지냈고, 아버지는 조그만 병원의 의사였다. 가정적으로는 모자란 것이 없이 자란 아이였다.

안철수의 어린 시절은 남들과 다르지 않게 지극히 평범했다. 특별히 잘하는 것이 없는 아이였던 그는 얼굴이 하얗고, 머리도 노란 편이어서 아이들의 놀림감이 되기도 하였다. 그래서 그는 친구들과 어울리기보다는 혼자 지내는 것을 좋아하였다.

부산동성초등학교, 부산중앙중학교, 부산고등학교를 졸업 후 의사인 아버지의 희망에 따라 서울대학교 의과대학에 입학하였다.

안철수가 서울대학교 의과대학에 갔기 때문에 어릴 때부터 머리가 좋거나 공부를 잘했을 것이라고 생각하는 사람이 많지만, 안철수는 그렇지 않았다.

"나의 어린 시절은 남들과 크게 다르지 않는 평범한 학생이었습니다. 공부도 잘하는지 못했지만, 운동 하나도 변변하게 잘하는 것이 없었습니다. 서울대학교 의대에 진학했기 때문에 다른 사람들이 생각하는 것처럼 천재는 결코 아닙니다. 오히려 나는 공부나 운동 어느 것도 잘하지 못하고 너무나 내성적인 내 자신에 실망하면서 지냈습니다."

잘하는 것이 없는 안철수는 얼굴이 유독 하얗고 머리도 노란 편이어서 또래 아이들에게 '흰둥이'란 놀림을 받는 통에 밖에 나가지 않고 혼자 지낸 적이 많았다.

안철수는 어릴 때를 회상하면서 말했다.

"나는 한마디로 외톨이였습니다. 그래서 혼자 할 수 있는 것을 찾다 보니 책을 읽는 것이 가장 좋았습니다."

실제로 안철수는 어린 시절의 성적이 좋지 않았다. 초등학교 시절엔 반에서 중간 정도의 성적이었다. 초등학교 시절의 성적표를 보면 주로 '우'와 '미'였고, 체육은 '양'이었다. 그런데 특이한 것은 그때 이후 성적이 떨어진 적이 없이 계속 올라갔다는 점이다.

안철수의 어린 시절은 특별하지 않았다. 너무 내성적이고 잘하는 것이 없어서 자신에게 실망했던 적도 있던 평범한 학생이었다.

아이들과 사귀는 것보다는 혼자 할 수 있는 것에 관심을 갖다 보니 자연스럽게 혼자 할 수 있는 책을 읽거나 동물이나 식물을 키우는 데 관심을 두게 되었다. 무엇엔가 관심이 생기면 정성을 다했던 그의 습관은, 나중에 컴퓨터 바이러스를 만났을 때도 관심을 기울이게 하였고, 바이러스 백신을 개발하게 하였다.

02 책을 유난히 좋아했던 어린 안철수

옛말에 "책 속에 길이 있고 독서가 곧 성공"이라는 말이 있다. 책 속에 인생을 사는 지혜가 있고, 책을 읽으면 성공한다는 뜻이다. 그러나 독서를 단순한 여가를 즐기는 문화 활동의 하나로 생각하여 독서를 상대적으로 가볍게 생각하는 경향이 있다. 그래서 부모들은 자녀들이 책 안 읽는 것에 대해서는 뭐라 하지 않지만 공부를 하지 않는 것에 대해서는 불안해한다. 심지어는 자녀들이 책 읽는 것보다는 공부하기를 권하는 부모도 있다. 이것은 공부도 책을 읽는 것이며 독서의 한 부분인 것을 모르기 때문이다.

안철수는 어릴 때부터 책 읽는 것을 유난히 좋아하였다. 안철수는 초등학교에 들어가 글을 깨우치기 시작하면서 글 읽는 것이 재미있었다. 안철수는 초등학생 시절, 학교 도서관의 책을 매일 몇 권씩 읽다 결국 학교 도서관에 있는 책은 거의 다 읽어버렸다고 한다.

그의 독서 사랑은 수업 시간에까지 이어져 교과서 밑에 소설책을 몰래 펼쳐 놓고 읽기도 하고, 체육 시간에도 운동은 하지 않고 혼자서 나무 그늘에 앉아서 책을 읽기도 했다. 심지어는 바닥에 글이 써진 종이가 떨어져 있으면 그것마저도 무엇인지 꼭 읽어보아야 직성이 풀리는 독서 중독증이었었다.

안철수는 자신이 초등학교 때 어느 정도 책을 읽었는가에 대해서 다음과 같이 말했다.

"나는 책 읽는 것이 너무 좋았어요. 나는 책을 읽으면서 내용만 읽는 것이 아니라 책의 페이지 수가 얼마나 되는지, 발행 연월일은 언제인지, 저자는 어떤 사람인지까지 모두 다 읽었어요. 도서관 사서는 내가 매일 몇 권씩 책을 빌려 가고 반납하다 보니 장난치는 걸로 의심해 대출을 거부할 정도였어요."

심지어 그는 책을 너무 좋아해서 사춘기를 느끼지도 못하고 지나갔다고 말했다.

안철수의 책 읽는 방법은 책을 많이도 읽었지만, 한 권 한 권 읽을 때마다 책에 관련된 모든 내용을 꼼꼼히 읽고 기억에 남기는 독서 방법을 선택하였다. 많은 사람들이 책을 읽을 때 내용만 대충 보고 책을 다 읽었다고 하지만 안철수는 모든 내용을 꼼꼼히 읽었던 것이다.

안철수는 책을 읽을 때 먼저 표지부터 천천히 살피고 나서 목차부터 읽어 어떤 내용이 나올지를 상상하였다. 그리고 본문을 읽으며 자신이 읽었던 목차의 내용을 바탕으로 상상한 것을 체계화하는 독서를 하였다.

안철수는 교과서는 별로 좋아하지 않았고 과학책과 소설책을 좋아해 주로 읽었다. 한때 《학생 과학》이란 잡지를 읽고 '나의 공작실 코너'에 자신의 작품을 응모해서 최우수 작품으로 뽑혀 라디오를 상으로 받기도 했다. 안철수의 어린 시절에 가졌던 과학책에 대한 관심과 경험은 미래를 예측하게 하는 힘을 주었고, 나중에 의사나 컴퓨터 프로그래머가 되는 꿈을 만들어 주었다.

중·고등학교 때가 되어서는 웬만한 한국 소설은 다 읽어버렸다. 고등학교 시절엔 삼중당 문고 400권을 모조리 읽었는데, 너덜너덜해질 때까지 읽던 그 책은 지금도 그의 책꽂이에 첨단 컴퓨터 책들과 함께 나란히 꽂혀 있다고 한다.

독서에 대해서 안철수는 이렇게 말했다.

"학교 교육이 모든 것을 가르쳐주지는 않아요. 세상의 넓게 보여주는 것이 바로 책입니다. 학교 교육이 한쪽 눈을 제공해준다면 자기 나름대로 또 한쪽 눈을 만들어야 세상을 입체적으로 볼 수 있습니다. 세상을 보는 데 많은 도움을 주는 것이 바로 독서입니다. 따라서 독서를 하면 할수록 세상을 넓게 볼 수 있습니다."

TIP

　　외톨이였던 안철수는 어릴 때부터 읽었던 책을 통해서 세상을 미리 경험하였으며, 자신이 궁금한 것과 자신이 무엇을 해야 할지를 깨달았다. 또한, 책의 내용을 통해서 전개되는 상황 속에서 세상에 대처하는 방법이나 미래를 생각해 보는 상상력을 기를 수 있었다. 결국 오늘날의 안철수가 있게 한 것은 바로 독서라고 할 수 있다.

　　독서는 자신의 생존과 꿈을 이루기 위해서 영혼의 비타민처럼 필수적이라는 생각을 가져야 한다. 그리고 독서 습관은 어릴 때부터 습관적으로 이루어져야 한다.

03 호기심이 많았던 어린 안철수

안철수는 젊은이들을 만나면 "항상 호기심을 가지고 관찰하고 궁금해하는 삶을 살라."라고 조언한다. 호기심이란 '새롭고 신기한 것을 좋아하거나 모르는 것을 알고 싶어 하는 마음'이다. 그는 어렸을 때 동물이나 식물에 대한 호기심이 많았다. 또 한 번 무언가에 대해서 관심을 갖게 되면 꼭 그 결과가 어떤지 궁금해 했다.

에디슨의 전기를 읽으면 에디슨이 달걀을 부화시키기 위해서 광에서 달걀을 품은 일화가 나온다. 이런 일이 실제로 어린 안철수에게도 있었다. 어린 안철수는 아직 에디슨 전기를 읽지 못했기에 에디슨이 달걀을 품은 일은 몰랐다. 다만, 호기심으로 시작한 것이다.

안철수가 어릴 때 과학에 대한 관심이 많았기에 삶은 메추리알이 저녁 반찬으로 올라왔을 때 어머니에게 물었다.

"어머니 새들은 어떻게 태어나요?"

어머니는 호기심 많은 어린 안철수에게 말했다.

"새들은 알을 품으면 새끼가 태어나는 거예요."

어린 안철수는 어머니의 말씀을 듣고 물었다.

"그럼 메추리알을 품으면 정말로 메추리가 태어나는 거예요?"

어머니는 말했다.

"암, 태어나고 말고요."

안철수는 어머니의 대답을 듣자마자 결심하였다.

"그럼, 나도 메추리알을 꼭 부화시켜 봐야지!"

안철수는 여태껏 메추리를 한 번도 본 적이 없었기 때문에 메추리가 어떻게 생겼는지 호기심이 생겨났다.

어린 안철수는 어머니 몰래 냉장고에서 메추리알을 몇 개 꺼냈다. 그리고 이불 속에서 메추리알을 가슴에 품었다. 어린 안철수는 메추리알을 깨뜨리지 않으려고 무척이나 조심하며 잠을 잤지만 아침에 일어나보니 깨져 있었다.

안철수는 깨진 메추리알을 보고 눈물을 흘렸다.

어머니는 걱정되어서 물었다.

"왜 울고 그래요?"

어린 안철수는 말했다.

"메추리알이 깨져서 죽었어요. 분하고 미안해요."

어린 시절의 안철수는 만화책을 즐겨보며 혼자서 상상의 나래를 펼치곤 했다. 만화책에서는 항상 좋은 과학자와 나쁜 과학자가 나와서 싸움을 하는 것이 내용이 많았는데, 착한 과학자는 꼭 영웅에 의해 구조되었다. 어린 안철수는 이러한 만화를 보면서 자연스럽게 사람들에게 도움이 되는 좋은 과학자가 되기로 결심했다.

어린 시절 혼자 간단한 라디오를 만들거나 드라이버로 기계를 분해하고 조립하는 걸 좋아했다. 그래서 친척들은 언제나 안철수가 방문하기 전에 그가 분해할만한 것들을 치워두었다고 한다. 겉보기에는 다른 또래 아이들과 비슷하였지만 호기심이 특별했던 어린이가 지금의 안철수가 되었다.

안철수는 단순히 호기심에서 바이러스 백신 연구를 시작하였지만, 나중에 바이러스 백신 회사를 세우게 되고, 한국을 대표하는 벤처기업으로 성장시켰다. 그는 수많은 선택의 과정에서도 강한 호기심을 해결하려는 신념과 도전 정신을 가지고 의지와 정열을 쏟아 부었다.

창의성은 미래의 직업에 꼭 필요한 능력이다. 앞으로의 미래 사회는 기발한 사람만이 성공할 수 있기 때문이다. 창의성은 호기심으로부터 출발한다. 따라서 호기심을 갖는 것이 필요하다. 호기심을 갖는데 좋은 방법은 책을 많이 읽는 것이다. 읽을수록 호기심이 생기므로 새로운 생각을 자극하는 책을 읽으면 좋다. 책은 상상력을 자극할 뿐만 아니라 기억에 강하게 남게 하게 한다.

04 동식물에 대한 관심을 갖다

친구들과 잘 어울리지 못하던 안철수는 병아리와 토끼, 봉숭아 등 동식물을 즐겨 길렀다. 어릴 때부터 자연스럽게 동식물을 기르던 습관은 안철수에게 탐구 정신을 길러주었고, 탐구 정신은 몰입하는 습관을 지니게 해주었다.

동식물에 대한 안철수의 관심을 나타내주는 일화가 있다.

안철수는 친구들과 학교가 끝나고 집에 가다 친구들과 병아리 파는 아저씨를 만난 적이 있었다.

친구들은 이미 병아리를 몇 번 사서 키우다 죽은 경험이 있었기 때문에 병아리 파는 아저씨가 병든 병아리만 판다고 생각하였다. 실제로 길에서 파는 병아리는 대부분 건강하지 못한 병아리를 파는 경우가 많기 때문에 틀린 말은 아니었다.

그러나 안철수는 노란 병아리를 본 순간, 남들은 닭으로 키우지 못했지만 자신만은 큰 닭으로 키워보고 싶었다. 안철수는 이미 메추리알을 품는 것이 얼마나 힘든 일인지를 알았기 때문에 정성으로 키우면 살릴 수 있다는 것을 깨달았다.

안철수는 병아리를 사서 정성스럽게 키워 큰 닭으로 길러 냈다. 병든 병아리도 닭으로 키울 수 있다는 자신감을 갖게 된 안철수는 여러 차례 도전을 하였고, 그때마다 건강한 닭으로 길러 내는데 성공하였다.

그럴 때마다 친구들은 안철수 옆에 모여 방법을 물어보며 부러워했다. 그러나 안철수가 키운 닭을 집에서 잡아먹는 바람에 충격을 받고 병아리를 키우는 일을 멈추었다.

병아리 키우는 일을 그만둔 안철수는 식물 키우는 일에 관심을 가졌다. 식물들도 정성을 들여 키우면 튼튼하게 잘 자랐다. 안철수가 정원에서 화초에 물을 주고 있으면 할아버지는 어린 안철수가 식물에 관심이 있는 것을 보고 말했다.

"꽃을 키우는 일은 군자의 성품을 지닐 수 있단다."라며 꽃을 키우는 일을 잘하는 일이라고 칭찬하였다.

안철수는 할아버지의 작은 칭찬에 자신이 무언가 스스로 할 수 있다는 자신감을 가지게 되었다. 그래서 안철수는 어렸을 때 좋은 친구 역할을 해주시는 할아버지를 유달리 좋아했다.

안철수는 약한 병아리도 정성을 들이면 잘 성장하는 것을 보면서, 모든 일에는 정성이 필요하다는 생각을 가지게 되었다. 그리고 식물을 키우면서도 자신이 할 수 있는 일이 있다는 것을 깨달았다. 안철수는 노력하면 무엇이든 할 수 있다는 자신감을 가지게 되었다.

따라서 여러분들도 잘하는 것이 없다고만 생각하지 말고, 잘할 수 있는 것을 찾아보자. 그것을 통해서 자신감을 얻는다면 행복해질 수 있다. 자신이 잘하는 것을 한 가지만 제대로 찾아도 인생에서 성공할 수 있다.

05 고등학교에 가서야
공부하는 방법을 알았다

사람은 어떤 일을 한 번에 몰아서 하기는 쉬워도 매일 꾸준히 하기란 쉽지 않다. 그러나 꾸준함은 성공으로 가기 위한 강력한 힘이다. 그래서 습관이 무서운 것이라고도 한다. 좋은 습관은 지속하기 힘든 일이지만 미래를 위한 가장 좋은 투자가 된다.

안철수의 성공은 단점을 하나하나 극복하는 가운데 천천히 자신을 스스로 향상해온 습관 덕분이다. 이것이 '안철수가 가진 유일한 능력' 이라고 할 만큼 그는 한 단계 한 단계씩 자기의 수준을 올려 나가다 보니 평범했던 안철수가 오늘날의 존경받는 안철수가 되어 있던 것이다.

안철수의 성적은 고등학교 때까지도 마찬가지로 향상되지 않았다. 고등학교 1, 2학년 때까지 남들처럼 학원도 다녀보고, 과외도 받아보았지만 성적의 변화는 없었다. 3학년에 올라가기 전까지 반에서 1등을 한 적은 한 번도 없었다.

안철수는 3학년 때부터는 혼자 공부하기로 결심했다. 이미 기초실력은 충분했기 때문에 굳이 남에게 배우는 것보다 혼자 목표를 정해서 공부하는 것이 효과적이라고 생각했다. 과외를 하지 않게 되니 오히려 혼자 공부할 수 있는 시간이 많아지고, 성적이 조금씩 오르기 시작하여 3학년 때 처음으로 1등을 했다.

안철수는 특별한 공부 방법을 알지 못했으며, 시험 때 벼락치기로 공부한 것도 아니었다. 다만, 어릴 때부터 책을 많이 읽었기 때문에 기초가 튼튼히 쌓였던 것이다. 독서를 통해 얻은 배경 지식이 바탕이 되어 있었기에, 조금만 공부하면 이해나 암기가 쉬웠던 것이다. 기초 공사가 빛을 발하여 막상 공부에 몰입하기 시작하자 어느 순간 성적이 급격히 올랐다.

안철수는 자신의 공부 방법에 대해서 다음과 같이 말했다.

"공부는 꾸준히 하는 것이 중요합니다. 그리고 공부를 잘하기 위해서는 독서가 필수입니다."

안철수는 책을 많이 읽어서 국어는 곧잘 했지만 영어와 수학은 그렇지 않았다. 안철수는 영어 공부 방법에 대해서 다음과 같이 말했다.

"영어를 잘하기 위해서는 서두르지 않고 천천히 단어부터 공부해야 합니다. 그리고 기본적인 문법을 다지며 어려운 영어 본문 읽기 시작합니다. 실력을 조금씩 키우면서 어려운 해석에도 도전을 해나가다 보면 어느 순간 한글로 책을 읽는 것처럼 영어가 술술 읽히기 시작합니다."

수학 공부를 잘하는 방법에 대해서도 말했다.

"다른 친구들이 문제집과 참고서 몇 권을 볼 동안 나는 꾸준히 교과서를 반복해서 보면서 모두 이해할 때까지 기초를 다졌습니다. 진도를 빨리 나가야겠다는 욕심은 버리고 기초 실력을 닦는데 우선 하였습니다. 그러다 보니 수업이 귀에 들어오고 이해가 빨라졌습니다."

안철수는 특별한 공부 방법을 알지 못했지만, 자신만의 공부 방법을 통해서 서울대 의과대학에 합격할 수 있었다. 늦게 시작한 공부였지만 무엇을 하든 집중을 해서 하였고, 실속 있는 자기주도학습을 하였기에 성적이 크게 오를 수 있었다.

안철수의 공부 방법에 대단한 비결이 있는 것은 아니었다. 다만, 꾸준히 열심히 공부하는 습관을 지니다 보니 점점 성적이 올랐다는 것이다. 공부는 단기간에 승부를 보는 것이 아니라 지속적으로 꾸준히 얼마나 했는가에 달려 있다.

내가 당장 해야 할 일이 공부 이외에 다른 것이 없다면 지금 하는 공부에 좋은 결실을 맺게 해야 한다. 공부를 잘하는 것은 순간적인 노력으로 이루어지는 것이 아니라 오랜 기간의 습관으로 이루어진다. 그 방법은 '꾸준히'라는 기본과 '열심히'라는 원칙이라는 것을 잊지 말자. 공부는 정직한 것이라서 한 만큼 성적이 오르고, 한 만큼 인생을 변화시킨다.

06 대학 시절 방황하다

안철수가 의대를 가려고 한 것은 자신의 의지보다는 부모님의 기대에 따른 것이었다. 원래 안철수는 에디슨과 같은 과학자가 되고 싶었지만, 자신을 위해서 물심양면 노력하시는 부모님의 기대에 보답하기 위해 의대에 가기로 결심한 것이었다.

안철수는 우리나라 최고의 인재들만이 갈 수 있는 서울대학교 의대에 입학하게 되었지만, 정작 대학은 안철수에게 마냥 행복하고 즐거운 생활을 가져다주지는 못했다.

대학에서도 안철수는 혼자 다니는 것을 좋아했다. 대학에서도 책을 읽고, 영화를 보면서 상상을 즐겨하는 청년이었다.

의대는 1, 2학년은 예과, 3학년부터는 본과라고 부른다. 의대 본과 1학년이 되면 본격적으로 의학 전공공부가 시작된다. 의대생의 본과 공부는 힘들기로 유명하다. 그리고 본과의 성적은 나중에 의사가 될 때 안과, 내과, 외과, 소아과, 산부인과 등 전공을 선택하는 데 중요한 영향을 미치게 된다.

예과 과정이 끝난 겨울 방학 때에 안철수는 오랜만에 자유를 느꼈다. 그는 경쟁이 치열한 서울에서 부산의 집으로 내려가서 하고 싶은 일들을 하며 실컷 놀았다. 기차를 타고 낙동강 변의 아무 역에나 내려 낚시를 하기도 하고 바둑 책이나 영화를 보면서 휴식을 취하기도 했다.

부산에서 겨울 방학을 보내고 서울에 올라가던 때를 회상하며 안철수는 말했다.

"갑자기 학교생활이 지긋지긋하다는 생각이 들었어요. 그동안 잘 참고 있었는데 불쑥 그런 감정이 치솟아 오른 것이죠. 도저히 서울로 갈 마음이 나질 않았습니다."

그는 대학 생활에 부담을 느낀 것이다.

"의대생들에게는 성적이 평생 지고 다닐 멍에가 됩니다. 레지던트 시험에도 학부 때의 성적이 중요한 지표가 되죠. 반에서 어느 정도 이상은 되어야 자기가 원하는 과를 갈 수 있습니다. 대학 입시를 앞둔 수험생과도 같은 처지인 것이죠. 10등 안에는 들어야 자기가 원하는 과를 선택할 수 있다고들 했어요. 그 등수 안에 들기 위해서 공부에 얽매인 생활을 계속해야 한다는 것이 싫었죠. 그러나 한편으로는 그 성적을 받아야 했기에 걱정이 되어 겨울 방학 끝나기 일 주일 전에 서울로 올라왔습니다. 미리 가서 공부를 해야겠다고 생각했기 때문입니다."

안철수는 방학을 마치고 서울의 하숙집으로 돌아왔을 때를 회상하며 말했다.

"내 방에 돌아왔는데 방에 들어온 순간 혼자가 된 기분이었습니다. 방에 혼자 앉아 있는데 늪에 빠지는 듯한 두려움이 찾아 왔습니다. 제 주위에는 친구도 없어서 고민을 털어놓고 말할 사람도 없었어요. 더구나 부모님들은 멀리 계셨으므로 내가 어떤 생활을 하는지도 모르실 것이라 생각하니 마음이 더 답답해져 왔습니다. 부모님은 저의 성적이 잘 나온 걸 보고 서울 생활에 잘 견디고 있는 줄로만 아실 것이라는 생각을 하니 부모와 자식 간에 공유할 수 있는 부분에는 한계가 있다는 것을 처음으로 실감할 수 있었어요."

안철수에게 있어 이때가 인생에서 가장 어려운 시기였다. 마음은 점점 정처를 모르고 떠돌아다니는 방황이 시작된 것이다. 방황이 시작된 것은 알았지만 정작 어떻게 처리해야 좋을지는 몰랐다. 학교에도 다니기가 싫어졌다. 어쩔 줄 몰라 쩔쩔매다가 어머니께 전화를 드렸다.

안철수는 울면서 말했다.

"어머니, 공부가 너무 힘이 듭니다."

깜짝 놀란 어머니께서 곧바로 비행기를 타고 올라왔다. 그날로 안철수는 어머니와 함께 기차를 타고 부산으로 내려갔다. 기차를 타고 가는 중에도 안철수는 계속 울었다. 어머니께서는 걱정하지 말라고 달랬지만 안철수는 계속 울음이 나왔다.

안철수의 아버지는 걱정스런 마음에 아들을 잘 아는 정신과 의사 한테 보냈다. 그 의사 선생님에게 안철수는 자신의 이야기를 털어 놓았다. 안철수의 고민을 들은 정신과 의사는 말했다.

"자네가 의과대학 공부만 하다 보니 시야가 너무 좁아져서 그러는 것이네. 그러니 이제는 서클에도 들고, 친구도 사귀고, 놀러도 다니고 그래 보게나."

안철수는 말했다.

"선생님! 그러나 아시다시피 의대는 모든 것이 바로 성적과 연결되어 있었습니다. 그렇게 하면 당연히 성적이 떨어지게 되어 있는데 어떻게 그 길을 택할 수 있겠어요?"

정신과 의사 선생님에게도 뚜렷한 해결 방안은 없었고, 결국은 자신이 문제를 해결해야 할 것이라는 것을 느꼈다.

부산에서 며칠을 보내고 마음을 달랜 안철수는 부모님의 걱정을 뒤로하며 서울에 올라왔다. 의과대학 생활을 지속적으로 유지하기 위해서는 자신에게 하는 구속과 기대를 낮추어야 한다고 생각하였다.

안철수는 자신의 의지보다는 부모의 기대로 인하여 의대를 진학했기 때문에 뚜렷한 목표의식이 부족했고, 대학 생활이 즐겁지 못했다. 그리고 누구와 오랫동안 경쟁하면서 공부를 해오지 않은 안철수에게 수재들과의 경쟁은 학교생활을 부담스럽게 한 것이다.

안철수는 서울대학교 의과대학에 갔을 때도 입학 성적은 별로 좋지 않았으며, 의대에는 공부 잘하는 학생들이 많아 성적에 대한 스트레스를 받기도 했다. 특히 누구와 경쟁하면서 오랫동안 공부를 해오지 않은 자신에게 학교생활은 부담스럽기도 했다. 결국 안철수는 방황할 수밖에 없었다.

그러나 안철수는 자신의 문제는 자신만이 해결할 수밖에 없다는 사실을 깨달았다. 그리고 문제가 생기게 된 원인은 남들과의 경쟁에서 이겨야 한다는 생각에 자신을 괴롭혔다는 것을 깨달은 것이다. 그는 최고가 되기보다는 최선을 다해서 열심히 하는 것이 문제의 해결 방법으로 보았다. 그래서 자신의 장점인 집중력을 가지고 열심히 공부하다 보니 조금씩 성적이 좋아져 결국 졸업할 무렵에는 최상위 그룹에 들 수 있었다.

07 바이러스와 만나다

안철수와 컴퓨터의 첫 만남은 1982년 의대 본과 1학년 때 친구의 하숙방에서 시작되었다. 당시에 처음 만났던 컴퓨터는 애플 컴퓨터였다. 지금보다 성능이 아주 떨어지는 애플 컴퓨터였지만 자판을 누르니 화면에 글자가 새겨지는 것이 매우 큰 충격이었다.

안철수는 무엇이든 호기심을 갖게 되면 그것에 대해서 몰입하는 근성을 가지고 있었다. 컴퓨터에 호기심을 가지게 된 안철수는 곧바로 컴퓨터를 구입하여 책을 보면서 컴퓨터에 몰입했다. 컴퓨터에 빠져 밤을 새우기 일쑤였다. 그의 인생에서 중요한 터닝 포인트가 찾아온 것이다.

안철수는 자신의 전공인 심장박동 연구를 위해서, 컴퓨터 기계어 공부를 하였다. 그러던 중 1988년 컴퓨터 바이러스를 만나게 되었다. 그동안 컴퓨터 잡지에 나와 있는 바이러스 기사를 보고 바이러스의 존재에 대하여 알고는 있었지만, 자신의 컴퓨터도 바이러스 증상이 나타난 것이었다. 그동안 디스켓이 깨져도 원인을 몰랐는데, 알고 보니 바이러스 때문이라는 것을 알았다.

바이러스는 사용자 몰래 스스로 실행하는 복사 프로그램이다. 바이러스는 원래 프로그램이 동작하는 순서를 자기 마음대로 바꿔놓기도 한다. 컴퓨터 바이러스는 기계어로 만들어져 있기 때문에 기계어를 모르는 사람은 분석할 수 없다. 그런데 안철수는 전공 공부를 하면서 기계어를 익혀 놓았기 때문에 바이러스를 분석할 수 있었다.

안철수는 바이러스가 자신의 컴퓨터에 'brain'이라는 글자를 써 놓은 것을 보고 그냥 지나칠 수 없었다. 컴퓨터 바이러스를 정복하고 싶은 욕구가 생겼던 것이다.

안철수는 컴퓨터 바이러스를 잡기 위해 생물학적 바이러스를 치료하는데 사용하는 의학적 상식을 총동원했다. 그는 바이러스가 몰래 실행되는 복사 프로그램이니 반대로 실행을 하면 치료가 될 것이라는 생각이 들었다. 그는 의학적 지식과 컴퓨터 기계어에 대한 지식을 바탕으로 컴퓨터 바이러스를 고치는 프로그램을 직접 만들기 시작했다.

마침내 1988년 6월 10일 밤, 세계 최초의 백신 중 하나인 V3 버전 1이 안철수의 호기심으로 탄생하게 되었다. 안철수는 치료 프로그램이 바이러스를 치료하는 것이므로 '백신'이라는 이름을 붙였다.

그는 최초로 바이러스 백신을 개발하면서 많은 돈을 벌 수 있었다. 그러나 안철수는 국민들에게 백신을 무료로 배포했다. 돈보다도 자신이 누린 여러 혜택을 사회에 돌려주려는 마음이 있었기에 가능한 일이었다.

TIP

안철수는 자신이 그리 뛰어난 재주를 가지지 않았음에도 남보다 먼저 어떤 일을 할 수 있었다면, 그것은 일본인 수학자 히로나카 헤이스케가 쓴 《학문의 즐거움》이란 책에서 배운 바가 크기 때문이라고 말한다.

안철수는 의과대학 대학원 시절에 이 책을 통해 "어떤 문제에 부딪히면 나는 미리 남보다 시간을 두세 곱절 더 투자할 각오를 한다. 그것이야말로 평범한 두뇌를 지닌 내가 할 수 있는 유일한 방법이다."라는 평생 간직할 좌우명을 얻었다. 그가 힘든 의과대학 생활을 하면서도 동시에 컴퓨터 바이러스를 퇴치하는 백신 프로그램을 개발하고, 컴퓨터 관련 글을 쓸 수 있었던 것도 바로 이러한 정신이 그를 채찍질했기 때문이라고 한다.

08 군대에서도 공부를 포기하지 않다

안철수도 대한민국의 남자로서 군대를 가야 했다. 입대가 얼마 남지 않은 시점에 미켈란젤로 바이러스가 전국에 퍼졌다. 이 문제를 해결하지 못하고 군대에 가면 훈련 기간 석 달 동안 백신을 만들지 못하게 된다는 생각에 안철수는 초조했다. 그는 입대 전까지 어떤 일이 있더라도 바이러스 치료 프로그램을 만들려고 노력했다. 결국 그는 입대 전날 새벽까지 백신을 만들고 입대를 하였는데, 그제서야 가족들에게 군대 간다는 이야기를 하지 않았다는 것을 깨달았다고 할 정도로 백신 개발에 집중하였다.

안철수는 군대에 들어가 석 달간 훈련을 받고 나서 부대에 배치되었다. 보통 훈련소에 있을 때나 부대에 처음 배치된 때에는 무언가를 열심히 하기 힘든 여건이다. 안철수도 마찬가지였다.

3년의 군대 복무 기간 중 처음 1년 동안은 그다지 무언가를 열심히 하지 않고 지냈다. 온 종일 할 일이 없어 빈둥거리고 지내기도 했다. 그런데 그렇게 지내자 신기하게도 세상이 점점 느리게 흘러가는 것처럼 느껴졌다. 군에 입대하기 전날까지 그는 바쁘게 살아왔다. 매일매일 의학 공부와 바이러스 백신 개발에 몰두하면서 치열하게 살아왔지만, 막상 빈둥거리기도 하고 특별히 하는 일이 없이 지내보니, 세상이 느리게 움직이는 것처럼 느껴졌던 것이다.

군대 시절 경험을 통해서 안철수는 깨달은 것이 있다. 그것은 세상이 얼마나 빨리 변하는지는 열심히 공부하고 열심히 일하는 사람만이 알 수 있다는 것이었다. 공부하지 않으면 무엇을 알아야 하는지도 모르게 되고, 그러면 자신이 얼마나 세상에 뒤처지고 있는지도 모르게 된다. 안철수도 편하게 지내다 문득 자신을 돌아보고, 이러면 결국 경쟁에서 밀리게 되고 말 것이라는 불안함을 느꼈다.

당시를 안철수는 다음과 같이 회상했다.

"내가 어떤 조직에서 쓸모없는 사람이 되었다고 느낀 것은 처음이었다."

안철수는 이렇게 살면 안 되겠다는 생각이 들었다.

그래서 다시 정신을 차려 책을 읽기 시작했고, 컴퓨터와 관련된 지식을 쌓아가는 일도 계속했다. 컴퓨터 통신을 이용해 백신 프로 그램을 올리기도 하고, 컴퓨터와 관련된 글도 쓰면서 군대 생활을 보냈다.

TIP

안철수는 자칫하면 인생을 허비할 수 있는 군대 시절조차 열심히 살았다. 시간을 그냥 흘려보내고 편하게 안주하는 것은 당장은 편할지 모르나 결국 이 세상에서 쓸모없는 사람이 된다는 것을 깨달았기 때문이다. 그래서 군대 생활을 하면서도 자신이 관심 있던 분야에 대한 공부를 하고, 컴퓨터 바이러스를 치료하는 연구를 계속하였다.

상황이나 여건이 좋지 않다는 것은 변명에 불과하다. 안철수 처럼 어떤 상황이든 자신과 현실에 충실한 사람이 되어야 한다. 지금 현실에서 충실하지 않은 내가 미래의 언젠가는 충실히 살고 있을 것이라고 기대하지 말자.

안철수는 새로운 지식을 얻기 위해서 공부하는 것을 게을리 하지 않았던 태도와, 어려운 상황에서도 긍정적으로 생각하는 마음으로 군대 생활 중에도 백신을 만들 수 있었던 것이다.

한국에서 가장 신뢰받는 안철수 리더십

09 논문을 쓰면서도 백신을 만들다

안철수는 군대를 제대하고 입대 전에 다니던 서울대 대학원 박사 과정에 복학하였다. 그는 남들은 힘들다고 하는 의대 박사학위 논문을 쓰던 시절에도 매일 새벽 바이러스 백신 개발에 몰두했다. 또한, 자신의 전공인 의학 공부도 지속적으로 열심히 공부하였다.

안철수는 대학원에서 공부하면서 자기 관리의 필요성이 매우 중요하다고 생각하였다. 대학교를 다닐 때는 교수님이 하라는 공부만 하면 되었다. 그래서 자신의 시간을 어떻게 이용해야 하는지 정해져 있었다. 그러나 대학원에 진학하면서부터는 본인이 필요하다고 생각하는 분야를 직접 선택해서 공부해야 했다. 그러다 보니 시간을 사용하는 것도 자신이 분배해서 공부해야 했다.

안철수는 낮에는 학교를 다니면서 전공을 배우고, 논문을 쓰기 위해서 필요한 공부를 하였다. 그러나 저녁에는 매일 새벽까지 그날의 목표를 정해서 바이러스 백신 개발에 몰두했다. 의대 교수가 되어서도 학기 중에는 학생들을 가르치고, 잠자는 시간을 쪼개어 새벽 3시부터 6시까지 백신을 만들었다고 한다.

훌륭한 의학자가 되기 위해서는 자신의 전공 분야에서 학문적으로 뛰어난 논문을 쓰는 것이 중요하다. 그래서 안철수는 백신을 개발하면서도 유명한 외국 저널에 논문을 발표하기 위해서 노력하였다. 그 목표를 향해서 학교의 전공 공부도 소홀하지 않았다.

안철수는 그때를 회상하면서 이런 말을 했었다.

"어느 날 잠자리에 들어 하루를 정리하는데 문득 이런 생각이 들었다. 내 경쟁 상대들은 세계 각국의 실험실에서 열심히 일하고 있는 비슷한 나이의 사람들이다. 내가 잠을 자고 있는 사이에도 미국에 있는 내 경쟁자들은 열심히 공부하고 있겠지?"

안철수는 공부를 하게 되면 단순히 지식만 알게 되는 것이 아니라, 내가 모르는 것이 어떤 것인지 알게 되고, 세상에는 나보다 뛰어난 사람들이 열심히 살고 있으며, 또 세상이 얼마나 빠르게 변해가는지를 알 수 있다고 한다.

안철수는 이런 생각이 드는 순간 초조함에 숨이 막힐 지경이었고, 더는 잠을 잘 수가 없었다. 결국, 그는 밤중에 일어나서 책을 뒤

적이게 되었고, 그 이후로는 잠을 줄여가면서 열심히 공부할 수밖
에 없었다고 한다.

TIP

　　안철수는 지금도 세계 각국에 흩어져 있는 미래의 경
쟁자들을 생각하면 잠이 제대로 오지 않는다고 한다. 그리고 안
철수는 공부를 하면 할수록 자신이 얼마나 모르는 것이 많은지
를 절감하게 되어 더욱 열심히 공부하게 된다고 하였다.

　　그래서 안철수는 지금도 어느 분야에서 부족한 것이 있다고
생각하면 밤을 새우며 연구하고, 그것을 자기 것으로 만드는 노
력을 하고 있다. 이러한 그의 노력이 컴퓨터 바이러스의 전문가
와 안철수연구소의 전문 경영인으로서 성장하게 하는 역할을 하
게 된다.

10 안철수연구소를 설립하다

안철수는 학교 일을 병행하면서 개인적으로 바이러스에 대응하는 프로그램을 지속적으로 개발하여 제공하는 것이 한계에 이르게 되었다. 기하급수적으로 증가하는 컴퓨터 바이러스도 문제였고, 늘어나는 고객들의 문의에 제대로 대응할 수가 없었기 때문이다.

당시 컴퓨터 바이러스 개발은 미개척 분야였기 때문에 안철수는 사회에 꼭 필요한 일이며 누군가는 꼭 해야 할 일이라고 생각했다.

안철수는 지금까지 혼자 연구해 오던 방식에서 벗어나 1994년 7월 비영리 법인 형태의 컴퓨터 바이러스 연구소를 설립하기로 하였다. 7년 동안 의사 생활을 하면서 백신을 무료로 제작·배포하였지만, 이제는 혼자 힘만으로는 한계가 있다는 것을 깨달은 것이다. 그래서 백신 개발 사업을 본격적으로 하기 위해 1995년 의대 학과장을 그만두고 안철수연구소를 설립했다.

정부나 기업의 지원을 받기 위해서 안철수는 여러 기관을 방문했다. 스스로 개발한 프로그램 소스와 자료를 모두 무상으로 제공하겠다고 대기업과 정부 기관을 설득했다. 그러나 무상으로 제공한다는 데 굳이 연구소가 필요하냐는 반응이었다. 당시는 소프트웨어의 가치나 백신 프로그램에 대한 가치에 대해서 아직 중요하게 생각하지 않은 시점이었기 때문에 당연한 일이었다.

결국, 사업 자금이 부족하여 사무실을 구할 형편이 안 되었기 때문에 안철수는 자신의 집을 임시 사무실로 하여 창업하였다. 그리고 우여곡절을 거쳐 1995년 2월, 자금을 지원받아 서초동 골목의 빌딩에 사무실을 이전하였다. 그리고 1995년에는 V3+를 개발하였고, 그해 12월 V3 Pro를 개발하여 보급하였다.

안철수연구소는 꾸준한 기술 개발로 후속 제품을 만들어 국내 백신 계열 1위의 자리를 지킬 수 있었다. 물론 일반인에게는 무료로 백신을 제공하고 있었으므로 일반 컴퓨터 사용자들에게 연구소나 안철수에 대한 인기는 매우 높았다. 그러나 당시에는 컴퓨터 바이러스에 대한 큰 위험성을 몰랐기에 수요는 크게 성장하지 않았다. 다만, 기업에서는 바이러스 침입의 위험 요소를 제거하기 위해 꼭 V3를 이용해야 한다는 생각이 점차 퍼지기 시작하였다.

신제품을 개발했지만, 백신은 무료로 제공된다는 인식과 복제품이 많아져 회사 사정은 특별히 나아지지 않아 운영의 어려움을 겪었다. 그러나 연구소에 기쁜 소식이 날아들었다. 1997년 말 우리나라는 IMF 외환 위기를 겪게 되었다. 정부에서는 기업 육성을 통해 경제 위기를 극복하려는 정책을 시행함에 따라 안철수연구소는 그 혜택을 받기 시작하면서 급속히 발전하였다.

TIP

안철수연구소는 벤처 정신의 초심을 잃지 않고 설립 초기부터 기업의 내실을 다지며 무리한 자금 유치는 배제하여 왔으며, 또한 확실한 수익 모델을 창출하여 꾸준한 성장을 이뤄 내었다. 이를 뒷받침하기 위하여 안철수연구소만의 독특한 기업 문화를 형성해 가고 있었으며, 상호 발전, 신뢰, 고객 중심의 핵심 가치로 국내 벤처기업의 모범이 되었다.

11 전문 경영인으로 실력을 갖추다

안철수는 1995년부터 2005년 초까지 10년간 안철수연구소 대표이사로 활동하였다. 그는 자신이 학자로서의 역할에는 만족했지만 전문적인 경영자로서의 역할은 부족하다는 생각을 했다. 그래서 그는 안철수연구소의 경영을 그만두고 경영학을 제대로 공부해야겠다고 결심하고 늦은 나이에 다시 경영학 공부를 시작하였다.

안철수는 30대 중반의 나이에 새로운 분야인 경영학을 공부하기 위해 미국 유학을 가게 되었다. 그는 미국 펜실베이니아 공대 및 와튼 스쿨에서 기술경영학 석사를 공부하였다.

당시에 대학교수의 이력으로 편하게 연구원이나 교환교수로 갈 수도 있었지만, 그는 일반 유학생들과 똑같이 토플시험을 새로 보고 석사 과정 학생으로 입학하였다.

그가 의사를 그만둘 때나 유학을 떠날 때 선택한 것은 배움의 길이었다. 그는 유학을 간 이유에 대해서 다음과 같이 말했다.

"제대로 된 경영을 하기 위해서는 실력을 갖춰야 하고, 학위 과정에 도전한 것은 그 때문이다."

펜실베이니아 대학을 졸업할 무렵 10년 이상 공부해온 의학과 완전히 결별하였다. 유학 중에도 안철수는 공부와 회사 일, 두 가지를 병행하면서 하루 일정이 너무 바빴다. 일과 공부량이 늘어나자 잠자는 시간도 대폭 줄여야 했다. 안철수가 펜실베이니아대학에서 공부하면서 얼마나 열심히 살았는가를 알려주는 일화가 있다.

펜실베이니아대학의 가을 풍경은 유난히 아름답다고 한다. 그러나 정작 안철수는 공부에 너무 몰두하여 캠퍼스의 단풍이 얼마나 아름다웠는지 기억나지 않는다고 한다. 그는 얼마나 공부를 열심히 했는지 다음과 같이 말했다.

"미국에서 경영학 공부를 위해 이틀에 하루는 밤을 새웠어요. 심지어는 공부를 너무 심하게 하여 과로로 쓰러져 병실에서 치료를 받기도 했어요."

미국 생활 시절, 학업과 경영을 동시에 처리하면서도 영어에 대한 장벽 때문에 이틀 중에 하루만 자고 나머지는 공부에 전념해야 수업을 따라갈 수 있었기에 2년 동안 공부만 했던 것이다.

안철수는 경영을 배우기 위해 피땀 어린 노력을 기울였다. 안철수는 자신의 선택에 최선을 다하였고 '열심히 산다는 의미'가 무엇인지를 증명해 보였다.

안철수는 미국에서 경영을 배운 후 한국에 돌아왔을 때 그에게 드는 생각은 오로지 경영에 대한 두려움뿐이었다고 한다. 막상 경영학을 배우고 나니 어려운 경영을 과연 내가 할 수 있을까라는 생각을 하게 되었으며, 자기는 경영에 소질이 없어 경영을 잘못할 것이라고 자신감만 잃게 되었다고 한다. 그나마 그가 할 수 있는 것은 회사 위험을 줄여 최소화하는 것이었다. 그래서 그는 연구소의 부채를 없애고, 지출을 줄여 위험을 최소화하였다.

안철수는 연구소의 경영에는 직접 참여하지 않고 이사회 의장으로 있으면서 연구소를 이끌었다. 그리고 카이스트 석좌교수로 재임하면서 공대 학생들에게 경영학을 가르쳤으며, 2011년에 서울대학교 융합과학기술대학원장으로 자리를 옮겼다.

안철수는 어릴 때부터 알고 싶은 것에 대한 호기심과 탐구는 그에게 근원적인 즐거움을 주는 것이었다. 그는 공부를 통해 새로운 지식과 개념을 발견하고 그것을 내 것으로 만드는 과정이 무척 즐거웠다고 한다.

안철수연구소의 대표이사가 된 다음에도 '내가 꼭 해야 할 일이고 남이 도저히 해줄 수 없는 일'이라면 최대한 빨리 그것을 배우고 적응하려고 노력했다. 이처럼 새로움에 적극적으로 적응하려고 하는 그의 태도는 여러 가지 문제를 해결하는 데 많은 도움을 주었다.

안철수가 대표이사를 스스로 사임하고 미국에서 공부했던 것은 경영에 대한 안목을 높이고, 안철수연구소를 더욱 발전시키려는 의지 때문이었다.

안철수는 자기 계발을 하는데 바빠서 시간을 낼 수 없다고 불평만 하고 아무것도 하지 않는 것만큼 어리석은 일은 없다고 말한다.

세계적으로 성공한 사람들의 특징을 보면 아무리 바빠도 스스로 의지를 가지고 자기 관리를 통해 노력한 사람들이다.

12 '청춘 콘서트'를 통해 청소년들에게 희망을 전파하다

서울대학교 융합과학기술대학원장으로 자리를 옮긴 안철수에게는 또 하나의 인생을 바꾸는 터닝 포인트가 찾아왔다. 그것은 바로 '희망 공감 청춘 콘서트'다. 희망 공감 청춘 콘서트는 이화여대에서 시작돼 경북대를 끝으로 2년 가까이 청소년들에게 대담 형식 강연 형태로 진행됐다. 희망 공감 청춘 콘서트는 처음에는 월 1회 가량 해오다 청소년들의 반응이 뜨거워지자 청춘 콘서트란 이름으로 주 3회 가량 전국을 돌며 청년들의 멘토 역할을 해왔다.

청춘 콘서트는 원래 안철수가 미국 유학 시절 눈여겨봤던 한 강연 형태를 보고 나도 저렇게 하고 싶다는 희망을 실천한 것이다. 2009년 10월 이화여대에서 '시골 의사'로 유명한 박경철 원장과 첫 콘서트를 시작하였다.

안철수는 한 번으로 끝낼 생각이었지만 같이 참여했던 박경철 원장이 매달 전국의 지방 대학 위주로 개최할 것을 제안하면서 규모가 커졌다. 그 뒤 법륜 스님, 조국 서울대 교수, 윤여준 전 장관, 연예인 김제동, 김여진 등 초대 손님과 함께 강연을 여는 형식으로 자리 잡았다.

청춘 콘서트는 청중들의 놀라운 반응으로 횟수를 늘렸고, 청중은 늘어만 갔다. 아무리 횟수를 늘려도 인터넷으로만 받는 예약은 시작한 지 며칠 지나지 않아 마감됐고, 매번 좌석은 물론 복도와 바닥까지 메울 정도로 청중들로 가득 찼다. 한 번 콘서트를 할 때마다 2000~5000명의 청중이 몰려들 정도로 반응은 뜨거웠다. 소위 아이돌 스타의 공연장을 방불케 할 정도로 항상 청중들로 가득 찼다.

안철수는 〈한겨레신문〉과의 인터뷰에서 청춘 콘서트에 대해 다음과 같이 말했다.

"요즘 젊은이들이 사회의 구조적인 문제에 짓눌려 어깨를 펴지 못하는 것 같아 안타까웠다. 나는 그러한 젊은이들을 돕고 용기를 불어넣어 주고 싶었다. 그렇게 용기를 불어넣는 게 그동안 '청춘 콘서트'를 해온 이유이다."

그동안 안철수와 박경철은 청춘 콘서트를 통해 미래 세대인 청소년들에게 따뜻한 위로와 격려의 메시지를 전해 왔다.

청소년들은 안철수와 박경철의 대담에서 현실의 어려움에 대해 공감했고, 자신들의 어려움에 대해 위로를 받았다. 청소년들은 안철수와 박경철이 진정으로 자신들을 이해해 준다는 생각에서 공감을 느끼게 되었고, 열광했던 것이다.

안철수는 자신에 대한 청소년들의 지지와 성원에 대한 소감에 대해서 말했다.

"갑자기 청소년들이 나를 따르는 것을 보고 매우 당혹스러웠다. 그리고 혼자 열심히 공부하고 있는데 뒤에서 웅성웅성하는 소리가 들려서 뒤를 돌아보니 많은 사람이 제가 공부하는 모습을 지켜보고 있는 것 같았다."

안철수는 청소년들이 무엇을 바라는지 정확히 알고 있었다. 청소년들은 사회적 소외감 때문에 위로가 필요한 젊은 이들에게 다가가 소통하고 이야기하였다. 청소년들은 자신을 이해해 주는 안철수를 따랐으며, 안철수를 존경하게 되었다.

안철수는 콘서트를 통해서 권위보다 자유, 일방보다는 쌍방 소통, 논리보다는 감성이 중요하다는 것을 청소년들에게 알려주었다.

결국, 청춘 콘서트를 통해 안철수는 대한민국에서 청소년들이 가장 닮고 싶어 하는 인물이 되었으며, 안철수라는 이름 그 자체가 하나의 브랜드가 되었다.

13 아름다운 퇴진을 하다

안철수가 존경받는 이유 중 하나는 물러날 줄 아는 용기를 가졌기 때문이다. 안철수는 지금까지 컴퓨터 바이러스 백신의 개발자, 의대 교수, 안철수연구소의 대표이사, 서울대 융합과학기술대학원장으로 불렸다. 도전도 필요하지만 과감하게 물러날 줄 아는 용기를 가져야만 가능한 일이다.

안철수는 안정된 교수직에서 미래를 예측하기 어려운 백신을 만드는 사업을 위해 과감히 교수직을 버렸다. 그리고 안철수연구소에서 10년 동안 CEO로 있다가 공부를 하기 위해 과감하게 퇴진을 하였다. 또한, 서울시장 후보로 나섰다가 자신의 지지율이 훨씬 높았음에도 불구하고 박원순 변호사에게 자신보다 더 나은 인물이라면서 후보를 사퇴하였다.

　안철수는 2005년 안철수연구소 창업 10주년을 맞는 기자 간담회 자리에서 CEO 자리에서 물러나 공부를 하고 싶다는 뜻을 밝혔다.

　"주주 모두를 위한 좋은 지배 구조를 만들고 큰 방향을 제시하는 일을 하겠다. 몇 년만 지나면 노안으로 돋보기가 필요할 텐데 그 전에 대학원에 들어가 학생으로 공부할 생각이다."라고 퇴진 의사를 밝혔다. 그리고 안철수연구소뿐만 아니라 IT업계 전반적으로 도움을 줄 수 있는 일을 하려고 노력하였다.

　이전까지 공부만 하던 안철수는 청춘 콘서트를 열면서 대중들의 인기를 실감하게 되고, 이를 바탕으로 정치에 대한 관심을 나타냈다.

　전남 순천 문예회관에서 열린 청춘 콘서트에서 시골 의사 박경철 원장이 물었다.

"서울시장에 출마할 가능성은 있나요?"

안철수는 답했다.

"신문에서 너무 앞서 가 당혹스럽습니다. 그러나 이제 시대는 수평적인 시대입니다. 따라서 리더십의 개념이 바뀌어야 합니다. 대중이 원하는 리더는 '안정감', '희망', '공감'이 필요합니다."

평소에 갖고 있던 정치에 대한 자신의 생각을 간접적으로 표현하였다. 그러나 재차 출마 여부에 대해 묻는 질문에 대해서 출마 가능성을 배제하지 않았다.

안철수는 이때부터 서울시장 보선에 출마를 검토하며 "내가 생각할 때 역사의 물결을 거스르는 것은 현재의 집권 세력"이라고 말해 기존의 정치를 바꿀 뜻을 보였다.

안철수가 무소속으로 출마를 결심하려고 하자 국민들의 지지가 갑자기 급상승하면서, 기존의 정치권들은 안철수의 영향력을 높게 평가하였다. 지지도를 조사해본 결과 가만히 있어도 무난히 서울시장에 당선되고도 남을 수 있었다.

그러나 안철수는 자신과 함께 서울시장 후보로 물망에 오른 박원순 변호사와 만나서 회담하고 서울시장 출마를 과감하게 포기하였다.

안철수는 박원순 변호사에 대해 "우리 사회를 위해 헌신하면서 시민사회 새로운 꽃을 피운 분으로서 서울시장을 누구보다 더 잘 수행할 수 있는 아름답고 훌륭한 분"이라고 말했다.

그리고 안철수는 국민들이 자신에 대해서 거는 기대가 크다는 것도 알고 있지만 너무나 부끄럽고 감사할 따름이라고 하였다.

안철수는 "대신 제 삶을 믿어 주시고 보답해 주신 여러분께 사회를 보다 먼저 생각하고 살아가는 성실한 삶으로 보답하겠다."라고 덧붙였다. 또 그는 당분간 대중들과 접촉하지 않은 채 학교 일에 전념할 것을 다짐하였다.

안철수의 아름다운 퇴진은 오히려 기존의 정치권에 싫증 났던 국민들에게 신선한 충격을 주었다. 다들 자기 욕심만 차리는 데 비해서 안철수는 당연히 당선될 수도 있는데도 불구하고 상대방을 위해서 과감하게 서울시장을 포기했기 때문이다.

TIP

안철수의 퇴진은 여러 번에 걸쳐서 이루어졌다. 가장 최근에 이루어진 퇴진은 서울시장 후보에서의 퇴진이었다. 안철수에게 있어 서울시장 후보로서의 퇴진은 사심 없이 서울시장 자리를 포기하는 것이었지만, 그 결과는 오히려 국민들의 지지도를 더욱 높이는 결과를 가져왔다.

안철수는 정치권에 새로운 바람을 일으키며 아름다운 퇴진을 하였던 것이다. 이로 인해 안철수가 대통령 선거에 나오기를 기대하는 국민들까지 생기고 있다. 안철수는 작은 것을 포기했지만 국민들에게 더 큰 사랑을 받게 된 것이다.

안철수는 사람은 물러날 때 물러날 줄 아는 아름다운 퇴진을 해야 한다는 것을 우리에게 알려주고 있다.

꿈을 가져 봐

　세 사람이 함께 물도 떨어진 상태에서 사막을 횡단하고 있
는데, 우연히 사막 한가운데서 상인을 만났다.

　첫 번째 사람은 더럽고 땀투성이에 얼굴에는 불만스러운
표정이 가득했다.

　상인은 그 사람에게 물었다.

　"지금 왜 힘들게 사막을 횡단하고 있는 것이죠?"

　첫 번째 사람은 대답했다.

　"친구 따라 이 길을 무작정 걷고 있습니다. 너무 힘들어서
후회만 됩니다. 하루 빨리 집으로 돌아가고 싶습니다."

　두 번째 사람 역시 더럽고 땀투성이에 얼굴에는 불만스러
운 표정을 짓고 있었다.

　상인은 두 번째 사람에게 물었다.

　"지금 왜 힘들게 사막을 횡당하고 있는 것이죠?"

　두 번째 사람은 대답했다.

　"억지로 부모님이 저쪽 마을에 심부름을 시켜서요."

　세 번째 사람도 더럽고 땀투성이였지만, 즐겁고 행복한 표

정을 짓고 있었다.

그는 다른 두 사람만큼 열심히 길을 걷고 있었지만 힘은 훨씬 덜 들어 보였다.

상인은 세 번째 사람에게 물었다.

"지금 왜 힘들게 사막을 횡당하고 있는 것이죠?"

그러자 그가 대답했다.

"저는 지금 사막을 탐험하고 있습니다. 이 길을 걷는 사람들에게 지도를 만들어 주려고요."

여러분은 지금 어떤 생각을 가지고 인생을 살아가고 있는가?

꿈이 있으면 가는 길이 고되고 힘들어도 사는 것이 즐거워진다. 꿈을 갖지 못하면 우리는 막연히 남을 모방하는 삶을 살게 되거나, 희망도 없이 하루하루 어쩔 수 없는 삶을 살게 된다. 꿈이 없다는 것은 죽은 것과 다를 바가 없다.

안철수는 우리에게 꿈을 갖는 삶을 살라고 조언한다.

01 소신을 가져라

안철수는 거의 모든 부분에서 아버지의 의견대로 살아왔다. 과학자가 되고 싶었지만 아버지는 의사가 되기를 원했기 때문에 서울대 의대를 진학하였다. 그러나 의사가 되기보다는 사업가가 되었고, 의학보다는 컴퓨터 바이러스에 대해서 많은 연구를 하였다. 그러다 보니 아버지와는 예전에 없던 의견 충돌이 생겨나기 시작하였다. 안철수는 지금까지 살면서 아버지와 두 번의 의견 충돌이 있었다. 하지만 안철수의 소신이 뚜렷하여 아버지는 아들의 뜻을 꺾지 못했다.

안철수의 아버지는 아들이 자신의 뒤를 이어서 훌륭한 의사가 되기를 바랐다. 그래서 안철수는 아버지의 뜻을 따라 아버지의 뒤를 이어 의대에 들어갔다. 그러나 안철수는 본과를 마친 뒤 직접 의사가 되는 것보다는 공부하는 것이 좋아 학문의 길을 선택하고 싶었다. 아버지는 본과가 끝나고 임상을 권유하였지만, 안철수는 임상을 하지 않고 학문의 길을 가기 위해 기초를 선택했다.

보통 의대는 임상과 기초를 선택하게 되어 있다. 임상을 선택하게 되면 환자를 진료하게 되지만, 기초를 선택하게 되면 환자를 진료할 수 없고 주로 강의만 할 수 있다.

안철수는 서울대학교에서 의학 박사학위를 받았다. 아버지는 안철수가 의학 박사학위를 받았기 때문에 당연히 의대 교수로 살 줄 알았다. 그러나 안철수는 단국대학교 의대에서 전임강사 및 의예과 학과장으로 12년을 근무하다 컴퓨터를 보고 마음이 바뀌었다.

편안한 의대 교수 대신 남들이 하지 않는 바이러스 연구소를 만들려는 계획을 세웠다. 아버지는 바이러스 연구소라고 해서 의료와 관련된 일인 줄 알았기에 크게 반대하지 않았다. 나중에 알고 보니 안철수가 의료와는 관련이 없는 IT 관련 벤처기업을 차리는 것을 알고 나서 적잖이 당황하였다. 아버지는 안철수를 말렸다.

"의학 박사까지 딴 사람이 그냥 의사를 하면 편한데 굳이 잘 알지도 못하는 IT 회사는 왜 차리느냐?"

안철수는 말했다.

"아버님 말씀대로 의사나 의대 교수는 편함을 주지만 색다른 삶을 주지는 못합니다. 한번 색다른 분야에서 IT 의술을 펼쳐 보이고 싶습니다."

결국 아버지는 아들의 의지가 너무 강해서 마음을 돌이키지 못했다. 결국, 안철수는 안철수연구소를 설립하고 본격적으로 바이러스 연구에 몰두하였다.

안철수는 자신의 소신을 가지고 도전하였기 때문에 지금처럼 많은 사람들에게 존경과 사랑을 받고 있다. 만약 안철수가 아버지의 바람대로 의사가 되었다면 훌륭한 의사는 될 수 있었겠지만, 지금처럼 사회를 이끄는 영향력 있는 리더가 되지 못했을지도 모른다.

TIP

소신이라는 것은 자신이 생각한 것을 굳게 믿는 것이다. 안철수는 사람의 병을 고치는 의사가 되기보다는 컴퓨터 바이러스를 치료하는 의사가 되었다. 지금도 그렇지만 의사는 편한 삶을 보장하는 성공하는 직업임에도 의사를 포기하고, 아무도 하지 않는 바이러스 치료 프로그램을 만드는 일을 한다는 것은 웬만한 마음을 가지고는 하기 어려운 일이다.

사람들은 편안한 삶에 안주하려는데 안철수는 꼭 해야 할 필요한 일이라는 강한 믿음을 바탕으로 아버지를 설득한 것이다. 아버지도 아들이 가지고 있는 믿음이 너무 강했기 때문에 말리지 않았다. 안철수는 자신이 강하게 믿는 것이 있다면 끝까지 밀고 나가야 성공할 수 있다는 것을 우리에게 알려준 것이다.

02 돈과 명예만 버리면 선택은 쉽다

안철수는 편안한 삶을 선택하기보다는 어렵고 남들이 가지 않은 불모지를 선택해서 안철수연구소를 만들었다. 그의 결정은 쉽지 않았을 것이다. 그가 결정할 수 있었던 것에 대해 "돈과 명예, 그것만 버리면 선택은 쉽다."라고 강조하였다.

대부분의 사람들이 돈과 명예를 좇으며 살아가고 있기 때문에 새로운 것을 선택하라고 하면 선택하기가 쉽지 않을 것이다. 그래서 사람들은 명예와 돈을 얻고 싶어서 공부하고, 권력을 얻기 위하여 정치를 하거나 국회의원에 나가려고 한다. 하지만 안철수는 보통의 생각을 버리고 자신의 길을 선택하였다.

안철수는 의과대학을 다니면서 세상에서 자신이 해야 할 일이 무엇인지, 어떻게 살아야 하는지를 고민하기 시작했다. 의대를 진학한 것은 자신이 과학자가 꿈이었지만 아버지의 희망을 따랐기 때문이다.

안철수는 대학 시절을 가르켜 스스로 평생 가장 어려운 시기였다고 할 만큼 고민이 많았던 시기였다. 의대생으로서 좋은 성적을 받아야 한다는 강박관념에 모든 시간을 완벽하게 공부에만 바치던 생활이 어느 순간 지긋지긋하다는 생각이 들면서 견디기 힘든 고민의 시간을 보냈다.

의과대학 공부가 너무 힘들었기에 '방황' 이라는 것을 처음 해본 안철수는 학교에 가기 싫을 정도로 마음을 잡지 못했다. 어머니가 급히 서울로 올라와 달래 주기도 하고, 정신과 의사에게 상담도 받아 보았지만 결국 모든 문제는 자신이 해결해야 함을 깨달았다.

안철수는 그때까지 자신이 무엇을 해야 하는지 정확하지 않았다. 대부분 의대를 진학한 학생들은 돈을 많이 벌 수 있는 환자를 진료하는 의사가 되기를 원했다. 그러나 환자를 진료하는 의사보다는 사람을 가르치는 학자가 되는 것이 좋다는 결론에 도달했고, 결국 돈을 벌 수 있는 임상을 포기하고 명예를 선택하였다.

안철수는 자신의 대학 생활에서 얻은 고민의 경험을 통해 아직 직업을 정하지 않은 사람들에게 "자기의 감춰진 영역을 알아 가려는 노력이 중요하다."라고 말한다.

안철수는 컴퓨터 보안회사를 경영하면서 우리나라 IT 업계를 이끈 사업가였지만, 의학 공부를 할 때까지만 해도 사업은 자신과 전혀 어울리지 않는 분야라고 생각했다. 스스로 "나는 100% 학자 스타일이다."라고 생각했고, 그의 주위 사람들도 그렇게 생각했다.

그러나 그는 자신만의 가치관과 사명이 이끄는 대로 경영 분야에 뛰어들어 성공했다.

그는 어린 시절부터 매우 내성적인 성격이었고 선두에 나서는 것을 싫어했다. 흔히 리더의 특징은 대부분 외향적 성격을 가진 사람이라고 생각하기 쉽다. 그래서 안철수처럼 내성적인 성격의 소유자는 리더가 되기 힘들다고 생각하기 쉽지만, 그는 현재 대한민국 대표적인 리더가 되었다.

TIP

안철수가 내성적이면서도 성공한 리더가 된 것은 자기 성격에 맞는 리더십을 찾았기 때문이다. 안철수의 리더십은 인간적인 면을 가지고 도덕적인 삶을 살았기 때문에 가능한 것이었다. 그래서 그는 한국인에게 가장 신뢰받는 리더, 가장 존경받는 기업인으로 당당하게 설 수 있었던 것이다. 이처럼 안철수가 화제가 되는 이유는 무엇보다 그가 인간적으로 신뢰감을 주며, 개인적으로 도덕적인 삶을 살아왔기 때문이라 할 수 있다.

03 진지한 고민은 행복의 열쇠이다

성공한 사람의 가장 큰 특징 중 하나는 하루하루를 그냥 사는 것이 아니라, 자신의 인생과 미래에 대해 진지하게 고민하면서 산다는 것이다. 안철수는 고민이라는 것은 행복해지기 위해 필요한 열쇠이므로 고민을 통해서 자신을 찾아야 한다고 했다. 고민을 해봐야 자신이 무엇을 원하는지도 알 수 있다. 자신이 원하는 것이 무엇인지 알지 못하는 사람은 아무리 많은 것을 가져도 행복해질 수 없다는 것이 그의 생각이다.

안철수에게도 고민의 순간들이 가장 큰 성장의 기회이자 고마운 시기였다고 말한다.

안철수가 의사라는 직업을 버리고 백신 회사 사장이 되기까지 많은 고민을 했다. 군대를 제대한 후 더는 의사로서의 일과 백신 프로그래머로서의 일을 같이 하기 힘든 상황이 되었다. 그는 둘 중 한 가지 길을 선택해야만 했다.

당시를 안철수는 다음과 같이 회상하였다.

"제가 의대 교수를 그만두고 벤처기업을 창업할 때 6개월 내내 온종일 고민했어요. 처음에는 고민으로 괴로웠는데 나중엔 고맙게 느껴졌어요. 고민을 하다 보니 처음으로 아무 답도 없다가 차츰 답이 보이고 마음이 정리되는 거예요."

그가 의학박사, 의대 교수로 이어지던 의학의 길을 포기하고 컴퓨터를 선택한 것은 쉽게 결정할 수 있는 문제가 아니었다. 고민과 고민을 거듭할 수밖에 없었다. 고민을 하다 보니 선택의 순간에 어떤 기준으로 선택해야 하는지 윤곽이 나타났다. 안철수는 이를 통해 '나'를 찾는 고민의 시간이 얼마나 소중한지 깨닫게 되었다.

진정으로 가야할 길에 대한 답, 즉 나 자신도 발전할 수 있고, 재미있게 일을 할 수 있으며, 다른 사람에게 도움을 줄 수 있는 일을 선택하겠다는 값진 교훈을 얻은 것이다.

안철수는 회사를 만든 지 10년이 되던 해에 자신을 돌아보고 스스로 무엇을 하고 싶은지 생각하는 고민의 시간에 또다시 빠졌다. 1년이 넘는 고민 끝에 CEO를 그만두고 유학길에 오르기로 결정했다. 당시 안철수의 회사는 잘 운영되고 있었지만 다른 회사들은 그렇지 못했다. 안철수는 더욱 많은 회사와 사회에 도움이 되는 역할을 하고 싶었다. 그가 그렇게 선택한 것은 '내가 더 의미를 느낄 수 있고, 더 재미있게 일할 수 있고, 더 잘할 수 있는 일'에 가치를 두고 내린 결정이었다.

"자기가 어떤 사람인지 알려면 자기가 어떤 선택을 하는지를 알면 됩니다. 결국, 선택과 행동이 중요하죠. 저는 겁이 많은 사람인 줄 알았는데 결정을 할 때는 과감하게 옳다고 생각하는 것을 선택하는 힘이 있었습니다."

고민이란 언뜻 우리에게 머리 아픈 과제 같아서 피하고 싶을 때가 있다. 고민苦悶은 무언가에 괴로워하고 신경을 쓰는 일이기 때문이다. 특히나 선택의 순간에는 더욱 그렇다.

그런데 누구든 자신을 돌아볼 때 100% 만족하기는 어렵고, 어떤 선택이든 100% 만족하지 못할 가능성이 많다. 중요한 것은, 보다 나은 선택을 하기 위해 얼마나 의미 있는 고민을 했느냐이다. 그리고 자신이 했던 고민이 얼마나 값진지 알아야 한다. 그래야 고민을 더는 피하지 않게 된다. 안철수처럼 말이다.

살면서 우리가 하는 고민과 성찰은 우리에게 꼭 필요한 물과 산소와 같은 것이라고 생각하면 된다.

TIP

     요즘은 하루가 달리 세상이 빠르게 변한다. 아무도 미래에 어떤 일이 일어날지 예측하기 어렵다. 점점 더 미래가 불확실해진다. 안철수는 이러한 시기에 자신이 즐길 수 있고, 잘할 수 있고, 의미 있는 일을 선택하려면 자신이 무엇을 원하는지 고민을 많이 해야 한다고 강조하고 있다. 그래야 진정으로 행복해질 수 있기 때문이다. 자기에게 정말 맞는 분야를 찾기 위해 쓰는 고민의 시간은 가장 필요하며 값진 시간이라고 말한다.

04 내가 재미있는 일을 찾아라

만약 지금 자신의 현실에서 성취감을 느낄 수 있는 재미가 없다면, 자신의 생활과 사고방식을 수정할 필요가 있다. 성취감을 느끼는 재미란, 쾌락이나 게으름의 편안함이 주는 만족감과는 다르다. 나의 목표와 꿈을 이루기 위해 지금 내가 하고 있는 일과 노력에서 재미를 느껴야 함을 말한다.

'지금의 나'가 하기 싫은 일을 억지로 하고 있다 하더라도, 미래에는 지금과 다른 '재미있게 일하고 있는 나'를 만나기 위해서라도, 자신의 흥미 분야를 찾아야 한다. 재미있고 즐기는 일을 할 때 사람은 그 분야에 대해 더 깊이 생각하고 빠지게 된다. 그러다 보면 자꾸 새로운 아이디어가 떠오르고, 이 아이디어를 행동으로 옮겼을 때 창의적인 사람이 되는 것이다. 그러면 자신이 하고 있는 분야에서 앞서 나가는 리더가 될 수 있다. 재미없는 일을 억지로 하면서 창의성을 발휘하여 성공한 예나 자신의 분야에서 리더가 된 경우는 찾아보기 힘들다.

안철수 또한 "같은 일을 계속하면 당연히 재미없을 때가 있을 수밖에 없다. 그런데 어떤 일을 할 때 설레고 흥분되지 않으면 결코 그 일을 오랫동안 할 수 없다."라고 강조한다. 아무리 성취감과 보람이 있는 일을 하고 있더라도 재미와 열정이 없다면 오래 할 수 없고, 그 분야에서 최고가 되기는 더욱 어렵다는 것이 그의 생각이다.

자신이 재미를 느끼는 분야를 알고 있다는 것은 '선택'의 순간에 해야 할 결정적 힌트를 가지고 있는 것과 같다. 안철수에게는 굵직굵직한 선택의 순간들이 많았다. 의대 교수에서 컴퓨터 바이러스 프로그래머로, CEO로, 경영학을 공부하는 학생으로, 경영학 교수로 변신을 거듭했고 성공했다. 그것은 매 순간 더 재미있고, 더 잘할 수 있고, 더 의미 있는 일을 선택해 왔기 때문이었다. 그는 아무리 나이가 들어도 자신이 재미있게 즐길 수 있는 일을 선택할 것이라고 한다.

자신이 하고 있는 일에 재미를 느껴야만 리더가 될 수 있다. 재미있는 일을 열심히 하다 보니 리더가 되어 있는 경우도 흔히 볼 수 있다. 이 세상에 공짜로 주어지는 성공은 없다. 꾸준히 자신의 영역에서 최선을 다한 사람, 다소 반복되고 지루할지라도 참고 견뎌 창의적인 경지에 오른 사람이 성공하게 된다. 그렇다면 '재미'야 말로 성공으로 가는 어렵고 힘든 과정을 잘 갈 수 있게 해주는 자신만의 무기이다. 이것은 갑지기 또는 억지로 가질 수 있는 것은 아니므로, 평소 내가 재미있는 일을 찾기 위한 시간들이 필요하다.

또한, 리더가 자신의 일에 재미를 못 느낀다면 그 일에 대해 고민하고 노력하는 시간을 투자하지 않게 된다. 그러므로 자신의 분야에서 리더가 되고 싶다면 먼저 내가 즐기며 할 수 있는 재미있는 분야를 찾아야 한다.

TIP

의외로 내가 무엇을 해야 재미있는지 모르겠다는 사람이 많다. 그것은 지금 당장 해야 하는 일들에 밀려 다양한 경험을 해보지 못했기 때문일 수도 있고, 별로 생각을 해보지 않았기 때문일 수도 있다. 내가 잘하면서 흥미 있는 분야를 찾는 것은 쉽지 않지만 여러 방법이 있다.

① 커리어넷www.careernet.re.kr이나 워크넷www.work.go.kr 같은 사이트에서 적성검사나 흥미검사를 해보는 것도 객관적으로 '나'를 찾는 데 도움이 된다.

② 누구로부터 간섭을 받지 않고 빈둥거려도 되는 시간, 즉 혼자 무엇이든 해도 되는 결정권이 있는 시간에 내가 무엇을 해왔는지 생각해 본다. 단 게임이나 전화통화 등 무의미하게 보낸 시간을 제외하고 내가 보낸 시간 중 가장 의미 있었고 재미있었던 시간을 회상해 본다.

③ 주위 사람들과 대화를 해본다. '내가 좋아하고 잘할 수 있는 일'의 주체는 '나'이지만, 가끔 도무지 모르겠다고 느낄 때가 있다. 그럴 때는 나를 잘 아는 주위 사람들과 대화를 하다 보면 거꾸로 '나'에 대한 힌트를 얻을 때가 있다.

④ 다양한 경험을 해본다. "경험은 바보조차 현명하게 만든다."라는 속담이 있다. 여러 경험을 하다 보면 진정으로 나에게 맞는 분야를 찾을 확률이 높아진다. 독서 또한 간접 경험이다. 여러 상황상 실제로 다양한 경험을 해보는 것이 불가능할 수도 있는데, 이럴 때는 독서를 통해 얻은 간접 경험과 지혜도 나침반이 된다.

⑤ 성찰 일기를 써보자. 자신을 돌아보는 일기를 쓰다 보면 나의 감정을 돌아보게 된다. 재미와 흥미를 느꼈던 일에 대해 의미를 두면서 나의 생각과 경험을 돌아보자.

05 태도를 바꾸어라

살아가면서 나는 얼마나 많은 선택의 순간을 기회로 만들 수 있을까?

세상은 내가 생각하는 일들만 일어나게 할 수 있는 단순한 영역이 아니다. 그렇다고 나에게 다가오는 세상을 대비할 방법이 없는 것은 아니다. 내가 할 수 있는 기본적인 대비 방법은 '삶에 대한 태도'를 바꾸는 것이다.

오프라 윈프리는 "역대 최고의 발견은 사람이 자신의 태도를 바꿈으로써 자신의 미래를 바꿀 수 있다는 것이다."라고 했다. 내가 바꿀 수 있는 것은 '태도' 뿐이며, 주어진 일에 최선을 대하는 태도를 가진 사람만이 리더로서의 태도도 갖출 수 있다.

안철수는 학창 시절에 책을 좋아하는 학생이었지 서울대학 의과대학에 들어갈 만큼 성적이 좋은 학생은 아니었다. 그러나 아무 조건 없이 자신을 사랑해 주시는 부모님이 의과대학에 들어가면 기뻐하실 거라는 생각을 하고 의과대학을 선택했다.

늘 부모님께 감사하면서 사는 그의 태도가 자신이 갈 방향을 결정했을 뿐 아니라 물러설 수 없는 노력을 하게 한 원동력이 된 것이다.

의과대학 들어가서도 그리 좋은 성적은 아니었지만, 성적이 점점 올라가서 졸업할 때는 최고 그룹에 들 수 있었다. 자신의 능력이 남보다 뛰어나지 않다고만 생각했다면 그런 결과를 얻지 못했을 것이다. 남보다 뛰어나지 않기 때문에 더 많은 시간을 들여 공부에 투자하기로 한 그의 선택이 좋은 결과를 얻은 것이다.

사람들 중에는 안철수가 처음부터 공대나 경영대를 나왔으면 지금보다 더 큰 성공을 했을 것이라고 생각하는 사람도 있다. 10여 년의 세월을 의학 공부를 하였고, 잠을 줄여가며 10년 이상 바이러스와 씨름했는데, 그런 노력은 현재 안철수가 하고 있는 일과는 전혀 관계가 없기 때문이다.

얼핏 보면 괜한 노력을 했다고 생각할 수 있지만, 안철수는 그 시간들이 결코 헛된 시간이 아니라고 말한다.

그에게 의과대학에서 배운 지식이 지금의 일에 직접적인 도움을 주지는 않지만, 그때 익힌 열심히 살아가는 태도와 끊임없이 공부하는 습관은 그에게 지식보다 훨씬 값진 습관이 되었다. 그는 의대를 다니면서 깨우친 삶에 대한 생각과 태도가 현재의 나를 만들었다고 이야기한다.

또 주말마다 진료 봉사를 하고 환자들을 돌보던 대학 시절 봉사 활동 경험은, 함께 살아가는 사회에서 구성원이 어떤 역할을 해야 할지에 대해 생각하게 해주었다. 새벽 3시에 일어나 시간을 쪼개가며 의학 공부와 병행하던 백신 프로그램 개발은 그에게 치열하고 열정적인 삶의 방식을 가르쳐 주었다.

주어진 일이 하기 싫은 것이라도 최선을 다해야 한다는 생각은 기나긴 세월 학생으로 지내다 보니 생긴 것이라고 한다. 26년의 긴 세월 동안 배우고 공부하는 학생으로 지내다 보니 인생의 대부분이 시험이었다. 그런데 영어 시험 때는 수학이 재미있어 보이고 수학 시험 때는 영어가 재미있어 보였다고 한다. 이러한 경험이 반복되자 지금 주어진 상황에 최선을 다하지 못하는 사람은 더 재미있는 일이나 더 좋은 환경이 주어진다고 해도 또 다른 핑계를 댈 것이라는 것을 깨달았다. 아무리 하기 싫고 나와 상관없는 일일지라도 일단 주어진 일에 최선을 다하는 사람이라면 상황이 좋아질 때는 더 잘해낼 수 있을 거라고 그는 확신한다.

주어진 상황에 최선을 다한다는 것이 무조건 그 상황을 받아들이라는 뜻은 아니다. 그러나 피할 수 없는 상황임에도 불평만 하는 것이나, 적당히 처리하고 넘어가는 자세는 자신에게 비겁한 행동이다. 상황을 바꿀 수 있는 제3의 선택을 할 수 있으면 하라. 만약 그럴 수 없으면 주어진 일에 최선을 다하는 것이 올바른 삶의 방식이다.

안철수는 열심히 사는 태도가 그 사람을 만들어 가는 과정이라고 생각했다.

TIP

지금 나에게 처해 있는 현실이 싫은가? 그렇다면 셋 중 하나를 선택해야 한다.

첫째는 지금 처해 있는 현실을 벗어날 수 있는 방법을 생각해서 상황을 바꾸는 것이다. 만약 바꿀 수 없다면 나머지 두 가지 중에 한 가지를 선택해야 한다. 하나는 치열하게 현실을 살아보는 것이다. 나머지 하나는 그냥 불평하면서 적당히 그럭저럭 살아가는 것이다.

불평하면서 계속 그럭저럭 살게 되면, 나중의 나도 계속 그렇게 살고 있을 확률이 높다. "미래의 나는 현재의 나와 다를 것이 없다."라는 말이 있다.

지금보다 더 나아지기 위해 아무것도 하지 않으면 안 된다. 즉 우리의 태도를 바꾸어야 한다.

06 사명감을 가져라

모든 것에는 존재의 이유가 있다.

내가 어떤 일을 하고 있을 때 '일'을 통해 나의 존재 이유를 확인할 수 있어야 보람되게 일을 할 수 있다. 그러려면 끊임없이 내가 이 세상에 태어나 무엇을 할지, 무엇을 남길지 끊임없이 고민하고 생각해야 한다.

"내가 세상에 태어난 이유는 무엇일까?"

"내가 가진 재능으로 이 세상에 베풀 수 있는 일은 무엇일까?"

"나는 세상에 무엇을 나누어 주며 살 수 있을까?"

머리 아프고 금방 대답이 떠오르지 않는 질문이지만, 이런 질문에 대답할 수 있으면 의외로 많은 고민이 한꺼번에 풀린다. 선택의 기준이 명확해지기 때문이다.

제대로 된 사명은 자신의 삶과 함께 하는 사람들에게 더 길고 멀리 제대로 갈 수 있는 에너지를 제공한다.

안철수가 처음 바이러스 백신을 개발했을 때만 해도 우리나라에는 안철수 외에 컴퓨터 바이러스를 치료할 수 있는 사람이 없었다. 그래서 바이러스를 고쳐달라는 요청이 모두 그에게 돌아왔다. 의학 공부하기에도 바빴던 그였지만 그런 요구를 외면할 수 없었다. 왜냐하면 자신이 노력하면 보다 많은 사람들이 바이러스의 피해에서 벗어날 수 있었기 때문이었다. 한 가지만 해도 힘든데, 의학공부를 하면서도 바이러스 연구를 계속할 수 있었던 것은 그런 사명감과 보람 때문이었다.

컴퓨터 바이러스에 대한 피해를 예방하고자 하는 사명감은 결국 그를 의사로서의 삶을 포기하게 하고 바이러스 개발의 길을 걷게 하였다. 20대에 누리던 의학박사와 의대 교수로서의 삶은 남들이 보기에는 좋아 보일지 모르지만, 바이러스 백신을 개발하고 배포하면서 느낄 수 있었던 자부심, 보람, 사명감, 성취감 등은 느낄 수 없었기 때문이었다.

안철수는 한 인터뷰에서 사명감의 중요성에 대해서 다음과 같이 말했다.

"백신을 만드는 데는 사명감이 매우 중요합니다. 어떤 사람은 일부러 바이러스를 퍼뜨리고 잡힌 뒤 유명해져서 취직이 되기도 합니다. 또 어떤 사람은 돈을 벌기 위해 바이러스를 만들기도 합니다. 돈만 벌려고 바이러스를 연구하는 것은 불량식품을 만들어 파는 사람과 마찬가지입니다. 어떤 일을 하든지 내가 왜 이 일을 하는지에 대한 사명감이 중요합니다. 경찰도, 의사도, 백신회사도 마찬가지입니다."

나의 사명을 찾는 일은 결코 쉽지 않은 일이지만, 일단 사명이 생기면 나는 그쪽으로 가게 되어 있다. 안철수에게 있어서 사명은 큰 선택을 결정하게 하고, 그 결정을 후회하지 않게 했다.

TIP

리더가 사명감을 가지고 일을 추진할 때 리더의 존재 가치가 빛나게 된다. 개인의 성공만 추구하는 사람은 우리 사회에 도움이 되지 못한다. 사회를 이끄는 리더가 되기 위해서는 맑고 뚜렷한 사명감으로 나의 인생을 이끌어야 한다. 더불어 그 사명감을 함께 나누려고 노력하는 것이 세상에 필요한 리더가 되는 길이다.

안철수는 조금이라도 흔적을 더 많이 남길 수 있는 삶을 살기 위해서 지금도 노력하는 삶을 살고 있다.

사명감을 갖기 위해서는 우선 내가 살아야 하는 명백한 이유를 찾아보자. 내가 어떤 가치를 중요하게 여기는지, 내가 가진 재능으로 세상에 펼쳐볼 일은 어떤 것이 있을지 살펴보자. 그런 고민을 해야 나만의 사명감을 찾을 수 있다.

직업이란 세상에 봉사하고 그 대가로 돈을 받는 일이라고 하였다. 세상과 더불어 살아가려면 나는 이 사회에 어떤 식으로든 무엇이든 주어야 하는 사명감을 가져야 한다.

예를 들어 보면 다음과 같다.

• MC의 사명 : 나의 말솜씨로 사람들을 재미있게 해주어 스트레스를 날려버려 주고 싶다.

• 선생님의 사명 : 아이들이 배우는 것이 즐겁다는 것을 알게 해주는 교사가 되고 싶다.

• 요리사의 사명 : 세계적인 요리사가 되어 한국 음식의 전통과 맛을 세계에 알리고 싶다.

07 내 행동에 책임을 져라

안철수는 살아 있는 동안에 쾌락만 추구하는 것은 너무나 무책임
하게 인생을 사는 것이라고 말했다. 인생은 모든 사람에게 딱 한 번
주어진다. 그런데 하늘은 그 한 번의 기회를 무책임하게 사는 사람
에게 결코 행복을 그냥 가져다 주지 않는다.

자신을 드라마 주인공으로 생각해 보자. 매일 쾌락과 즐거움과 편
안함만 추구하는 주인공을 보는 것은 아무 재미도 감동도 없다. 자
신의 인생을 어떻게든 성실하게 이끌려고 노력하고, 그러는 동안 겪
게 되는 크고 작은 어려움과 즐거움을 함께 느끼며 앞으로 나가는
주인공의 모습에 감동하게 되어 있다. 자신의 인생에 책임을 지자.

안철수는 군대를 제대하고 대학으로 돌아와 대학원생들의 지도 교

수를 맡게 되면서 자신을 믿고 따르는 제자가 생기게 되었다. 지도 교수의 책임은 의학에만 몰두하여 학생들에게 많은 지식을 알려주는 것이었다. 그러나 안철수는 의학뿐 아니라 바이러스에 대한 연구도 멈출 수 없었다.

처음에는 바이러스가 그렇게 많지 않아서 교수 업무와 같이 하면서 혼자 대처할 수 있었다. 그러나 나중에는 바이러스가 1년에 70여 종으로 늘어나 혼자 감당할 수 없는 상황이 되었다. 의학 쪽에는 이미 능력 있는 사람들이 많이 있었지만, 바이러스를 퇴치하는 컴퓨터 보안 쪽은 그렇지 않았다.

안철수는 학생들에게 모범이 되는 의학 교수가 되는 책임과, 백

신을 만드는 책임 두 가지 사이에서 고민하였다. 결국 안철수는 우리나라의 컴퓨터 보안을 위한 책임을 선택하고 의사의 길을 버렸다. 더 책임감이 느껴지는 분야를 선택한 것이다.

안철수는 회사를 경영할 때도 책임을 다하려고 하였다. 안철수는 책임져야 할 상황이 발생했을 때는 일단 CEO부터 나서서 책임을 져야 한다고 생각했다. 1999년 안철수연구소가 배포한 일부 백신 제품 중 실수로 바이러스가 들어간 제품이 발견되었다.

당시 좋은 이미지를 가진 안철수연구소였기 때문에 이것은 사람들에게 '좋은 뉴스거리'가 되었다. 당연히 실무자들은 무척이나 당황해 했다. 하지만 안철수는 직원들의 책임을 묻기보다는 오히려 자신이 부족했기 때문이라며 자신이 책임을 졌다.

안철수는 직접 고객에게 죄송하다는 메일을 보내고 홈페이지에 별도로 창을 만들어 백신 프로그램을 제공했다. 사태가 빠르게 수습되었으며, 안철수가 직접 사과한 점에 대해서 오히려 사람들의 신뢰도는 더욱 높아갔다.

안철수는 사람을 볼 때도 책임감이 있는지 없는지를 중요한 기준으로 삼았다. 책임감이 없는 사람은 일이 잘 안 되었을 때 남의 탓만 하게 되고, 그러다 보면 정작 자신의 잘못을 깨닫지 못하기 때문이다.

안철수는 《CEO 안철수, 영혼이 있는 승부》에서 자신의 책임에 대해 이야기한다.

"어떤 경우에도 책임의 절반은 나에게 있다고 생각하고, 남 탓하기 전에 나에게 잘못된 점이 없는지 먼저 고민한다면, 같은 실수를 반복하지는 않을 것이다. 어떤 잘못된 상황에서 그 절반의 원인이 나한테 있다고 생각하면 좋을 텐데, 보통 사람들은 그렇지 못해 안타깝다."

우리는 모두 자기 인생의 CEO이다. CEO는 책임질 수 있는 사람이어야 한다. 그러므로 일이 잘못되면 자신의 책임이라고 생각할 수 있어야 하며, 이러한 책임감은 리더에게는 필수 항목이다.

TIP

안철수가 살면서 했던 수많은 고민은 자신의 인생에 책임감을 가지고 있었기 때문에 할 수 있었다. 그는 인생을 무책임하게 살면 안 된다고 생각하면서, 지금도 모든 일에 최선을 다하여 노력하며 살고 있다.

우리도 우리의 삶과 행동에 대해서 책임을 져야 한다. 지금 내가 책임을 져야만 하는 일은 크게 셋으로 나눌 수 있다.

하나는 내 인생에 대한 책임이다. 나는 얼마나 내 인생에 책임감을 느끼고 살고 있는지, 나는 오늘의 나에게 무엇을 충실했으며, 미래의 나를 위해 무엇을 준비하고 있는지 생각해 보자. 나는 나에게 책임을 다하고 있는가?

다른 하나는 다른 사람과의 관계에서의 책임이다. 최근에 다른 사람과의 관계에서 나빴던 기억이 있는지 생각해 보자. 그 원인은 무엇이라고 생각하는가? 남의 탓이라고만 생각했다면 혹시 나에게는 어떤 책임이 없는지 반성해 보자.

마지막으로 세상에 대한 책임이다. 나는 이 세상이 나에게 허락해 준 기회에 책임을 다하고 있는가? 평소에 느끼지는 못하지만, 나는 내가 세상에 준 것보다 훨씬 많은 것을 이 세상에서 누리고 있다. 그렇다면 나도 언젠가 작으나마 내가 할 수 있는 일로 이 세상에서 받은 것을 갚을 책임을 져야 하지 않을까?

08 선택에는 고통이 따른다

　선택이라는 것은 여러 가지 중에서 고르는 것을 말한다. 결국 무언가를 고르면 다른 것을 잃게 된다. 안철수는 남들은 경험하기 어려운 의사, 박사, 의대 교수, 저자, 바이러스 백신 개발자, CEO, 경영학 교수 등에 이르기까지 다양한 일을 선택해 왔다. 이러한 선택은 자연스럽게 한 것이 아니라 하나를 포기해야만 얻을 수 있는 선택이라 안철수에게는 큰 고통으로 다가왔다.

　안철수는 부모님의 기대에 보답하기 위해 과학자를 포기하고 의사가 되려는 선택을 하였다. 그러나 의대 본과에 가서는 자신이 학교에 다녀야 할 이유를 찾지 못해서 학교를 다니기 싫을 정도로 방황이라는 고통을 경험해야 했다.

　대학원에서 논문을 쓰는 도중에 컴퓨터 백신 프로그램을 만들기 위하여 시간을 쪼개어 사는 삶을 7년간이나 선택했어야 했다. 그는 잠을 제대로 자지 못해서 항상 피곤하고 힘들게 살 수밖에 없었다.

그리고 안정된 의사를 버리고 백신을 만드는 프로그래머가 되어야 하는 선택을 하였다. 편안한 삶이 보장된 의사의 길을 버리고, 앞길을 전혀 예측할 수 없는 백신 만드는 일을 한다는 것은 쉬운 일이 아니었다.

안철수연구소를 설립할 때도 누구 하나 관심을 두지 않았지만 그는 연구소를 어렵게 시작하는 선택을 하였다. 그리고 경영자로서 10년을 지내다 자신이 경영의 전문성이 부족하다는 이유로 유학을 선택하였다. 그리고 대표직에서 물러나는 선택을 하였다.

안철수는 인생을 살면서 그에게 붙어 있는 수식어만큼이나 많은 도전을 하고 선택을 한 것이다. 이러한 선택은 편안함만을 준 것이 아니라 수많은 시간 동안 고민하게 만들었고, 때로는 주변 사람들의 시선이 따가울 때도 있었다.

안철수도 무엇인가를 선택해야 하는 시기가 다가오면 두려웠다고 한다.

진로를 바꾼다는 것은 정신적 · 육체적 어려움과 더불어 그동안 인맥도 다시 만들어야 한다. 또한, 새로운 사회에 적응해야 하므로 두려운 일일 수 있다.

안철수는 진로를 선택할 때 '그동안 살아 온 과거를 잊는 것'과 '주위 사람들의 평가에 연연하지 말 것'을 강조했다. 과거에 연연하게 되면 그것을 놓지 않으려는 습성을 가지고 있기 때문에 과거를 잊어야 새로운 선택을 할 수 있다는 것이다. 그리고 주변 사람들의 평가에 너무 신경 쓰다 보면 이 또한 바른 선택을 할 수 없는 이유가 되기 때문이다.

TIP

안철수는 자신이 인생의 진로를 여러 번 바꾸었지만 그동안 보냈던 시간이 인생의 낭비라고 생각하지는 않았다. 선택을 통해서 새로운 환경에 적응하거나 새로운 인맥을 맺는 고통은 따르지만, 그는 많은 경험을 해볼 것을 강조한다.

많은 경험을 하다 보면, 여러 가지 경험으로 인해 새로운 해석을 할 능력이 생기고, 남들과 다른 창의성이나 경쟁력을 가질 수 있게 되기 때문이다. 스티브 잡스는 경제적 어려움에 대학을 중퇴하고 나서 대학에서 서체 수업을 몰래 들었다. 학교를 그만둔 것은 어려운 선택이었고 고통이었지만, 그러고 나서 들었던 서체 수업 덕분에 훗날 애플에서 아름다운 컴퓨터 서체를 만들 수 있었다. 그는 "젊었을 때 마음 가는 대로 살았던 여러 분야의 경험들은 어느 순간 뒤돌아 보면 모두 연결이 된다."라고 했다. 안철수는 스티브 잡스의 말에 공감하여 그의 말을 자주 인용한다.

안철수가 선택하는 것을 두려워하지 말라고 한 이유는 좌충우돌하며 여러 경험을 하며 인생을 살아온 사람들이, 안정된 직장에서만 근무한 엘리트들에 비해 나이가 들수록 경쟁력을 가지게 된다는 것을 알고 있었기 때문이다.

03

리더십을 가져라

리더십을 가져라

리더십이란 원래 우리말로 지도력, 통솔력, 지휘력 등으로 번역되어 사용되고 있다.

즉 리더십은 한 개인이 다른 사람에게 목표를 향해 나가도록 영향력을 행사하는 것을 말한다. 따라서 리더십은 오늘날 사회에서 살아가기 위하여 꼭 필요한 요소로 인정받고 있다.

그런데 문제는 이 리더십이 모든 사람들에게 공평하게 주어지지 않다는 것이다. 어떤 사람은 리더십이 높은 반면에 어떤 사람은 전혀 리더십이 없는 경우가 있다.

리더십이 있는 사람은 사회를 살아가는 데 문제가 없지만, 리더십이 부족한 사람은 사회를 살아가는 것은 물론 적응하는 데도 어려움을 겪는다. 따라서 리더십이 부족한 사람들은 리더십을 개발하고 연마하여 자신의 리더십을 갖추기 위한 노력해야 한다.

리더십은 타고난 재능이나 유전적인 영향을 받기보다는, 지속적인 노력에 의해 발전된다. 그리고 리더십은 스스로에게 지속적으로 성공의 동기를 부여해야 가질 수 있다.

리더십이 후천적인 동기와 노력의 영향을 더 받는다는 것은, 노력하면 누구나 리더십을 가질 수 있다는 얘기이다.

안철수 또한 후천적인 노력으로 리더가 되었다. 안철수는 원래 남들 앞에 나서는 것을 꺼렸으며, 혼자 지내는 것을 좋아하는 내성적인 성격이었다. 그러나 그는 안철수연구소의 CEO로서 회사를 '영혼이 있는 기업'으로 이끌었다. 또 지금은 자신의 목소리를 당당하게 내고 있는 사회를 이끄는 지도자가 되었다.

안철수와 같은 리더십을 가지고 싶은가? 그러면 그의 리더십을 따라 해보자.

01 일관성을 가져라

안철수는 리더가 꼭 갖추어야 할 정신으로 일관성을 들었다. 일관성이란 처음부터 끝까지 흔들리지 않고 변함이 없는 상태를 말한다. 또 자신의 신념과 가치로부터 나오는 생각으로 실제 행동과 일치하는 상태를 말한다. 일관성을 가진 사람은 상황과 장소에 따라 그 모습이 다르지 않으나, 일관성이 없는 사람은 다른 사람에게 유리한 모습만 보이려고 한다.

공자는 "존경받는 공직자가 되기 위해서는 자신의 발자국이 눈밭에 어지러이 나 있는 것을 마땅히 경계해야 한다."라고 하였다. 이는 존경받는 공직자가 되기 위해서는 발자국마저도 일관성을 가져야 한다는 것을 의미한다.

사람은 잘될수록 주변의 유혹이 많다. 유혹에 넘어가 자신이 가져온 일관성을 버리는 순간 역사 속에서 버려지는 경우가 많다. 역사 속에서 이름을 남긴 사람들을 보면 한 길을 묵묵히 가는 일관성을 보인 사람들이 많다. 실제로 나라를 위기에서 구한 영웅들이나 충신들은 말과 행동, 그리고 올바른 선택을 통해서 일관된 삶을 살아온 사람들이다. 일관성이 있으면 신뢰를 얻게 되고, 사람들이 존경하고 따르게 된다.

안철수는 일관성을 지키려고 노력하였다.

안철수가 안철수연구소를 운영할 때, 백신 만드는 일 말고도 새로운 사업을 해보라고 주변에서 권유하기도 했다. 대기업들은 보통 돈을 벌기 위해서 여러 가지 새로운 사업을 시작하기 때문이다. 그러나 안철수는 흔들리지 않고 오직 자기가 가고자 하는 길을 걸어왔다.

안철수는 지금까지 살면서 단 한 번도 원칙을 안 지키거나 약속을 못 지킨 적이 없다고 한다. 그만큼 일관성을 가지고 살았다는 것을 말한다. 사람이 평생을 살면서 일관성을 갖는 것은 쉽지 않다. 이랬다 저랬다 하는 사람들은 자신의 행동과 말에 일관성이 부족한 사람들인데, 그런 사람들을 신뢰하기는 어렵다. 일관성에 기초한 신뢰를 바탕으로 안철수를 존경하며 따르는 사람이 많아진 것이다.

안철수는 일관성을 갖는 방법에 대해서 다음과 같이 말했다.

"일관성을 갖기 위해서는 원칙을 바로 세우는 것이 중요합니다.

원칙이 생기면 일관성을 생각할 필요가 없기 때문이지요. 어떤 분들은 일관성을 지키기 위해서 자기가 과거에 했던 여러 가지 결정들을 돌아보고 '거기에 맞는 결정을 이번에 하면 되겠지' 하고 생각하지만, 그런 경우는 오히려 일관성이 안 지켜지기 쉬워요."

원칙을 갖고 있으면 굳이 과거를 돌아보지 않고 정해진 원칙만 향해서 걸어가기만 하면 그 자체가 일관성이 된다는 것이다.

02 초심을 지켜라

리더가 되기 위해서는 초심을 지키는 것이 중요하다.

'초심'이란 어떤 일을 할 때, 처음에 먹은 마음을 말한다. 사람들은 무슨 일을 하든지 처음에는 열심히 노력하지만 어느 정도 성공을 하게 되면 초심을 잃기 쉽다. 반면 일이 잘되지 않을 때도 초심을 지키기 어렵다. 안철수는 자신의 생활 원칙이나 기업의 경영에서도 초심을 갖는 것이 중요하다고 하였다.

안철수는 어떤 일을 할 때, 남보다 시간을 더 투자하고 노력하려는 마음을 가지고 있었다. 또 성공을 하거나 인정을 받더라도 겸손한 자세를 잃지 않으려고 했다. 해야 할 일이 많기 때문에 한 순간이라도 시간을 헛되이 쓰지 않겠다는 생각도 가지고 있었다. 이런 자신만의 원칙은 고민에 빠지거나 어려움이 닥칠 때마다 초심을 지키게 해주었다.

안철수에게 있어서 초심은 개인의 생활 원칙이기만 한 것이 아니라, 회사를 운영해 나가는 데도 늘 필요한 것이었다.

안철수는 자신이 개발한 컴퓨터 바이러스 퇴치 백신을 무료로 배포하던 초심을 지금까지도 지켜가고 있다.

안철수연구소는 2000년이 되었을 때, 어느 정도 성공을 거두었다고 할 만큼 성장했다. 다른 걱정하지 않고 백신 개발에만 신경 써도 되었고, 견줄만한 다른 경쟁자도 없었고, 어느 정도 회사 수익도 보장된 상황이었다. 보통 이런 상황에서는 누구나 안주하고 해이해지기 쉽다.

그러나 안철수는 초심을 유지하려 하였다. 안철수연구소는 종합 보안 업체로 성장하기 위해서 새로운 도전을 시작하였고, 덕분에 편하게 지낼 수 있었던 시기를 회사 설립 이래 가장 바빴다고 할 만큼 변화와 성장을 위해 노력하며 보냈다.

안철수연구소는 본격적으로 외국 시장으로 진출하기 위해서 초심을 갖고 도전하였다. 이런 변화와 도약과 성장을 거듭하며 안철수연구소는 오늘날과 같이 성공한 기업이 된 것이다.

안철수가 가진 초심은 항상 열심히 사는 것이었다. 항상 노력하다 보면 부족한 부분도 보충할 수 있으며, 남들로부터 칭찬을 들어도 자만하지 않을 수 있기 때문이었다.

안철수가 회사를 세울 때의 초심은 지속적인 변화를 통해서 회사를 성장시키겠다는 마음이었다. 기업은 일시적인 성공을 하게 되면 도전하려는 처음의 마음을 잃고 마음이 해이해지기 쉽다. 따라서 안철수는 이러한 마음을 경계한다는 의미에서 초심을 갖는 것이 중요하다고 하였다.

03 상대방을 배려하라

인간관계를 잘하기 위해서는 무엇보다 상대방에 대한 진심과 배려가 중요하다. '배려'는 남을 도와주거나 보살펴 주려는 마음을 뜻한다. 상대방에 대한 존중과 배려는 말로 표현되기 쉽다. 따라서 말이란 상대방에 대한 존중과 배려의 가장 중요한 표현 수단이다. 안철수는 사람들을 만나면 언제나 '배려의 언어'로 타인을 대했다. 안철수에게 배려를 받은 사람들은 오히려 안철수를 더욱 존경하게 되었다.

안철수는 언제나 지위에 상관없이 항상 다른 사람들에게 존댓말을 썼다.

안철수는 의대를 졸업했기 때문에 군대에서 군의관으로 근무를 했다. 군대는 상하 관계가 뚜렷해서 장교가 되면 당연히 사병들에게

반말을 해야 했다. 그러나 안철수는 군대 생활을 하면서 사병들에게 반말을 해야 하는 것이 가장 힘들었다고 한다.

사병들에게 반말이 나오지 않아서 결국 찾아낸 표현이 "이것 좀 해줄래요?"였다고 한다.

병사들은 처음에 존댓말을 하는 안철수를 이상하게 생각했지만, 오히려 시간이 지나자 안철수가 자신들을 배려하는 것 같아서 안철수를 더욱 존경하게 되었다고 한다.

안철수는 회사의 최고 경영자 자리에 있으면서도 모든 직원들에게 존댓말을 썼다. 이는 상대방을 존중하는 마음에서 비롯된 것이다. 안철수는 자신을 회사에서 제일 높은 사람이 아니라 단지 하는 일의 역할만 다른 사람이라고 생각했다. 즉 CEO는 대외적으로 회사를 대표해서 일을 하는 사람이고, 직원들은 또 각자 맡은 일을 하는 사람이기 때문에 CEO라고 해서 직원들 위에 있는 사람이 아니라고 생각한 것이다.

안철수의 이런 마음은 자연스레 존댓말이나 존중하는 행동으로 나타났고, 직원들도 리더로부터 존중받고 있다는 마음을 가지게 되었다.

그가 모든 사람에게 존댓말을 쓰는 이유는 그의 어머니 덕분이었다. 안철수의 어머니는 안철수가 어렸을 때부터 그에게 존댓말을 썼다. 누군가로부터 존중을 받은 사람만이 다른 사람을 존중할 수 있다. 안철수도 어머니로부터 늘 존중을 받아온 덕분에 진심으로 다른 사람을 존중하는 마음을 가질 수 있었던 것이다.

안철수는 남에게 피해를 주지 않는 생활을 해온 것으로도 유명하다. 남에게 피해를 주지 않는다는 것은 그만큼 상대방의 입장을 생각해야 가능한 일이다. 따라서 남에게 피해를 주지 않는 것도 배려의 일종이다.

안철수가 초보운전 시절에 교통법규를 위반하여 딱지를 뗀 적이 있었다고 한다. 당시 그는 좌회전을 하기 위해 좌회전 차선에 있었다. 좌회전 신호가 들어와서 좌회전을 하려고 했지만 직진하는 차들이 앞을 가로막고 비켜주지 않았다. 그러자 안철수 앞에 있던 차가 직진 차를 피하기 위해 중앙선을 넘어서 좌회전을 했다. 일정이 바빴던 그도 앞차를 뒤따라 좌회전을 해버렸다. 그런데 그가 생애 최초로 한 교통법규 위반은 경찰에게 걸리고 말았다. 그날 밤 안철수는 잠을 잘 이루지 못할 정도로 괴로웠다. 남에게 피해를 주는 행동을 했다는 생각 때문이었다.

그날 이후, 안철수에게는 그만의 운전 습관이 생겼다. 목적지로 가기 전에 미리 지도를 보고 길을 익힌 후 출발했다. 그러자 남에게 피해를 줄 일이 생기지 않았고 자신도 편해졌다고 한다.

TIP

배려 리더십은 매우 부드럽고 상대방을 이해하는 데서 출발한다. 강압적이고 독단적 것과는 달리, 상대방의 입장에서 필요한 것과 도움이 될 만한 것을 주는 리더십을 말한다. 내가 상대방의 입장에서 생각해 보고 살펴보아야 가능한 것이다.

옛말에 "말이란 토끼와 같이 부드러울수록 좋다."라고 했다. 특히 리더와 같이 남을 이끄는 사람은 명령이나 지시를 할 수 있는 입장에서 누구에게나 존댓말을 한다는 것이 쉽지 않다. 특히 요즘처럼 언어가 거칠어지는 세상에서 리더가 아랫사람에게 존댓말을 쓰는 것은 더욱 가치 있게 느껴진다.

리더의 존댓말은 리더가 가진 인격을 표현하는 것이며, 아랫사람을 배려하는 마음에서 시작된다. 따라서 리더로서 존경받기 위해서는 상대방이 존중받고 있다는 느낌이 들도록 언어 사용에 주의를 기울여야 한다.

04 소통을 잘해야 한다

미래학자 피터 드러커Peter F. Drucker는 "인간에게 있어서 가장 중요한 능력은 자기표현이며, 현대의 경영이나 관리는 소통에 의해서 좌우된다."라고 하였다. 안철수는 소통을 중시하고 대안을 위한 의견 제시를 잘하는 리더로 유명하다. 소통이란 대화가 막히지 않고 잘 통하는 것을 의미한다.

안철수는 IT 계통의 CEO로서 최첨단의 소통 방법을 잘 활용하는 사람으로도 알려져 있다. 그는 소통을 위해서 이메일, 블로그, 홈페이지 등을 통해 고객과 혹은 직원과 때로는 대중과 항시 소통한다.

안철수는 소통을 원활하게 하기 위하여 회사의 모든 것을 자신의 일방적인 명령에 의존하기보다는 회사의 의사 결정 구조를 거치도록 하였다. 소통을 잘하기 위해서는 모든 사람들의 동의가 따라야 하는데, CEO의 역할은 명령을 잘하는 것이 중요한 것이 아니라 원활한 소통을 이끌어내는 것이 중요하다고 보았다.

안철수는 소통의 중요성을 강조하면서 다음과 같이 말했다.

"가끔 자기가 좋아하는 의견에 대해서 동조하지 않거나 다른 의견을 가진 사람에 대해서 적대감을 가져서는 안 됩니다. 충분히 다를 수 있는데 다른 사람의 의견에 대해 이해를 못 하는 분위기는 잘못된 생각입니다. 나와 상대방의 차이를 인정해야 합니다. 소통은 나와 틀린 존재가 아니라 다른 존재임을 인정하는 것에서부터 출발한다고 합니다."

결국, 소통은 타인에 대한 배려에서 나온다고 할 수 있다. 그래서 그는 연구소를 경영할 때 원활한 소통을 위해서 직원들의 입장으로 배려하기 위해서 노력하였다.

안철수는 소통 방법에는 크게 H자형과 A자형 두 가지 형태가 있다고 하였다.

H자형 소통은 H의 글자 모양대로 소통이 가운데에 연결되어 있지만 끝은 평행선을 달리고 있는 형태다. 그래서 H형은 두 사람의 관계에서 소통 라인이 있어 소통은 되겠지만, 근본 생각이 다르기에 평행선을 달리게 된다.

그러나 A자형 소통은 A의 글자 모양대로 가운데도 연결되어 있지만 끝도 하나의 점에서 만난다. 따라서 A형 소통은 소통 라인도 있고, 생각도 같아서 함께 손잡고 미래를 지향하는 하게 된다.

안철수는 "소통을 할 때는 H자형 소통보다는 A자형 소통을 하는 것이 필요합니다. 그러나 많은 리더들이 H자형의 소통을 하고 있으면서 제대로 소통하고 있다는 착각을 하고 있습니다."라고 하였다.

TIP

소통은 사회생활을 하는 인간과 인간 사이에 이루어지는 사상의 교환과 전달하는 것을 의미한다. 소통은 인간 사회의 기초가 되며, 조직을 이끄는 데 필수적인 요소이기 때문에 리더가 되기 위해서 꼭 필요한 것이다.

소통을 잘하기 위해서는 우선 상대방을 인간적으로 존중하면서 상대방에 대한 감정, 사고, 행동을 평가하거나 비판, 판단하지 않고 있는 그대로 받아들이는 자세를 가져야 된다. 그리고 상대방을 성실한 마음으로 대해야 한다. 성실함은 상대방에게 자연스럽게 대화 도중에 표현이 되며, 이를 바탕으로 상대방도 성실한 마음으로 대화에 참여하게 되어 상대방과의 솔직한 의사 및 감정의 교류가 가능해진다.

05 신뢰를 쌓아라

인간관계에서 신뢰가 가장 중요하듯 리더십에서도 신뢰의 형성이 가장 중요하다. 사람과의 만남이 이루어지면 신뢰 관계를 만들어 나가야 한다. 사람 간에 믿음이 형성되어 있지 않다면 어떤 일도 함께 하기 어렵기 때문이다.

사람들에게 안철수에 대한 신뢰감은 매우 높다. 그래서 안철수가 말하면 모든 것이 다 맞는 것이라고 생각하기까지 한다. 왜냐하면 안철수는 지금까지 자신이 말한 것과 행동한 것이 다르지 않았기 때문이다. 즉 원칙을 정하고 일관성 있게 살아온 모습을 지켜보았기 때문이다. 그래서 안철수의 성공이 빠르지는 않았지만, 가면 갈수록 그에 대하여 거는 기대가 커지고 있다.

안철수는 직원들에게 신뢰감을 주기 위해 노력하는 CEO로 유명하다. 그는 직원들에게 자신이 직원들을 이용하지 않으려는 마음이 직원들에게 전해지게 하려고 항상 노력한다. 그래서 자신은 항상 직원들의 도움을 주기 위해 있는 사람으로 인식 받으려고 하고 있다. 또한, 기회가 있을 때마다 직원들에게 공동 발전을 위해 함께 노력하자고 말한다.

안철수가 직원들에게 신뢰를 쌓아온 방법 중에서 특이한 것은 직원들에게 먼저 신뢰를 받으려고 한 것이 아니라, 먼저 아랫사람을 신뢰했다는 점이다. 그는 직원을 고용하면 우선 그 사람을 무조건 믿어 주고, 합리적으로 권한을 위임하여 자신이 신뢰감을 받고 있다는 것을 느끼게 하였다.

그뿐만 아니라 안철수는 자신이 만든 연구소의 주식을 직원들에게 무상으로 나눠주는 헌신적인 모습을 보여주기도 하였다. 이러한 CEO를 직원들은 믿고 따를 수밖에 없었다.

안철수는 우리나라 리더들이 신뢰감을 받지 못하는 이유 중 하나가 리더들이 솔선수범 정신이 부족하기 때문이라고 지적하였다. 어려운 일이나 힘든 일을 자기는 하지 않고 직원들에게만 시킬 경우 그 어떤 누구도 리더를 신뢰하지 않는다는 것이다. 리더가 되어서 어려운 일이나 힘든 일을 손수 나서서 모범을 보일 때 직원들도 따라 하고 싶은 마음이 생기게 되고, 결국 이것이 신뢰감을 갖게 하는 요소가 된다.

또한, 리더를 믿고 따르게 하려면 리더가 그만한 능력을 갖추어야 한다고 하였다. 만약 능력이 없으면 직원들이 리더를 믿고 따르는 것에 대해 불안감을 가질 것이고, 그가 가고자 하는 방향에도 의문을 가질 것이다. 그러면 아무리 사람 좋은 리더라도 깊은 신뢰는 형성될 수 없다는 것이다.

또 서로 생각을 나누고 비전을 공유하는 가운데에서도 신뢰가 쌓인다. 그래서 회사 이름에 안철수라는 자신의 이름을 집어넣었다. 이는 안철수라는 사람의 신뢰성이 회사의 이미지로 작용하여 사람들에게 신뢰감을 갖는 기업이 되도록 하고자 하는 의도에서 시작하였다. 직원들도 안철수라는 이름에서 오는 신뢰감을 가지고 회사에 입사를 희망하는 것이다. 이처럼 직원들이 입사를 결심하는 것은 안철수라는 사람이 주는 신뢰감을 느끼고 회사의 비전을 서로 공유하는 것이나 마찬가지인 것이다.

신뢰감이 쌓이면 리더에 대하여 긍정적으로 생각하도록 마음의 문을 열게 된다. 신뢰감을 형성하기 위해서는 상대방에 대한 존중, 상대방에 대한 이해, 일관적 성실성, 전문성을 보여 주는 것이다. 신뢰감이 상대방에게 느껴지고 전달될 때에 원활한 소통이 이루어지고, 리더의 명령에 따를 수 있게 된다.

06 도덕적인 사람이 되라

우리가 안철수에 대해서 열광하는 이유 중 하나는 그가 가진 도덕성 때문이다. 도덕이란 인간이 지켜야 할 도리 또는 바람직한 행동 기준을 말하며, 도덕성은 도덕적으로 옳은 것을 말한다. 동양에서 도덕이란 말은 유교적인 어감이 강하고, 실상 유교의 이상을 나타내는 것이기도 하여 근대에 이르러서는 흔히 '윤리' 라는 용어로 쓴다.

훌륭한 리더들은 사생활과 사회생활에 훌륭한 길잡이 역할을 하고 있는 도덕적 잣대 - 마음속 깊이 명심하고 있는 일련의 신념과 가치관 - 를 가지고 있다.

안철수는 걸어 다니는 '도덕 교과서' 라는 별명이 붙을 정도로 도덕적인 사람이다. 그래서 초등학교 도덕 교과서에도 안철수에 대한 일화가 소개되고 있다. 안철수가 서울시장에 도전하려고 할 때도 국민들은 안철수의 도덕성을 높이 평가하여 안철수가 시장이 되면 무언가 달라질 것이라고 생각하였기 때문에 높은 지지를 하였다.

우리는 거의 매일 도덕적 가치를 흔드는 유혹들과 만나게 된다. 그럴 때마다 자신을 추스르고 바로잡을 수 있는 분명한 원칙과 기준이 없다면 흔들릴 수밖에 없다. 그러나 안철수는 자신의 신념과 가치관을 분명히 가지고 있었기 때문에 유혹들을 물리칠 수 있었다. 안철수가 가진 가치관은 자신의 이익만을 위한 것이 아니라, 모두가 공유할 수 있는 이익을 만들려고 하는 것이었다. 모두가 공유할 수 있는 이익을 추구하다 보면, 자신은 정작 손해를 볼 수 있으므로 이런 마음을 갖는 것은 쉽지 않은 일이다. 그럼에도 불구하고 안철수의 도덕성은 그것을 가능하게 해주었다.

안철수는 도덕적 가치의 중요성에 대해 이렇게 이야기한다.

"우주에 절대적인 존재가 있든 없든 간에, 사람으로서 당연히 지켜나가야 할 중요한 가치가 있다면 아무런 보상 없이도 따라야 한다. 나는 언젠가는 같이 없어질 같은 시대를 살아가는 사람들과 좀 더 의미 있고 건강한 가치를 지켜나가면서 살아가다가 '별 너머 먼지'로 돌아가는 것이 인간의 삶이라 생각한다."

　　최근 전 세계적으로 기업의 도덕성에 대한 관심이 부쩍 커졌다.

　　우리나라에서도 윤리 경영이라는 세계적인 흐름에 부응하여 정부나 기업에서 국제 상거래 뇌물 방지법 및 부패 방지법 제정, 기업 경영의 투명성 확보 등과 같은 형태로 기업 윤리 확립을 위해 힘쓰고 있다. 이러한 노력의 결과 윤리 경영의 중요성에 대한 인식이 점점 강화되고 있다.

　　하지만 윤리 경영을 실천하는 일은 생각만큼 쉽지 않다. 윤리 경영이 기업에서 제대로 실현되기 위해서는 경영자의 올바른 이해와 구체적인 노력이 뒤따라야 한다. 윤리 경영에 실패하는 기업들은 결국 사람들의 외면을 받을 수밖에 없다. 그래서 요즘의 모든 기업들은 기업의 윤리 경영을 위하여 노력하고 있다. 그뿐만 아니라 기업을 이끄는 리더들의 도덕 리더십이나 직원들의 도덕성에 대하여도 관심이 점차 증가하고 있다.

　　능력 있는 리더들이 실패하는 이유는 여러 가지가 있지만, 그 중에서 가장 대표적인 이유는 윤리 의식이 없는 것이다. 결국 사회에서 성공하기 위해서는 도덕적인 삶을 살아야 한다.

07 약속을 지켜라

《걸리버 여행기》의 저자인 조나단 스위프트는 "약속과 파이의 껍질은 깨지기 위해서 만들어졌다."라고 말했다. 그만큼 약속과 파이는 깨지기가 쉽다는 것을 의미한다.

그러나 안철수는 진정한 리더가 되기 위해서는 약속은 꼭 지켜져야 한다고 하였다. 리더의 약속이 직원과의 관계나 신뢰감, 회사의 운명 등 모든 것을 이끌기 때문이다. 리더의 약속이 신뢰감을 잃는다면 더는 리더로 존재할 수 없게 된다. 따라서 리더는 지킬 수 있는 약속만 해야 하기 때문에 매우 신중해야 한다.

안철수는 한 번 한 약속은 반드시 지켰다고 하였다. 이에 대해 그의 지인이 말했다.

"말도 안 돼요. 소소한 것은 회사 사정 때문에 몇 번 어겼을 것

아니에요."

그의 대답은 간단했다.

"그런 적 없는데요."

어떻게 그게 가능하냐고 묻자 "저는 지키지 못할 약속은 처음부터 안 합니다. 그래서 저는 함부로 약속을 하지 않습니다. 어떤 약속을 해서 지킬 가능성이 90%가 되더라도 약속하지 않습니다. 99% 정도 확신이 들어야 약속을 합니다."라고 대답하였다.

그는 약속을 꼭 지키고야 마는 자신의 성격을 공부에 이용하기도 하였다.

"제가 무슨 일을 해야 할 때 쓰는 수법이 있어요. 바이러스 백신을 만들려면 매달 새로운 기술이 나올 때마다 그걸 익혀야 하거든요. 그럼 공부할 시간이 없잖아요, 그래서 먼저 잡지사에 전화를 하는 거예요. 그러고 나서 '이런 기술이 새롭게 개발된 것이 있는데 거기에 대해서 제가 글을 쓰겠다.'라고 먼저 말해 버려요. 그러면 잡지사에서는 지금까지 그런 글을 쓴 사람이 없기 때문에 좋다고 하고 원고를 맡겨요. 그런데 문제는 제가 거기에 대해서 아직은 전혀 모르는 상태인 거예요. 그런데 저는 책임감이 굉장히 강한 사람이거든요. 그래서 기사 마감을 약속해 놓고 못 지키면 안 되니까, 잠을 더 줄이든지 틈틈이 시간을 내서 그걸 만들어요. 정말 죽을 고

생을 해서 하지만, 잡지사에 원고를 주고 나면 나는 그 분야에 대해서는 굉장히 잘 아는 사람이 되어 있어요."

자신이 공부해야 하는 것들이 많지만, 개인의 의지로는 공부하기가 쉽지 않겠다고 여겼던 안철수는 자신이 직접 잡지사에 연락하여 원고 작성 약속을 하고, 이 약속을 지키기 위해 공부한 것이다.

안철수가 직원들과의 약속을 지킨 일화가 있다. 1999년 초, 안철수는 사원들에게 연말에 성과급 지급을 약속했다. 원래 목표는 전년 대비 매출을 두 배로 늘리는 것이었는데, 연말에 보니 매출액이 5배나 더 성장했던 것이다.

여러 가지 시장 상황이 좋지 않았지만, 안철수는 한 번 약속한 것을 어기면 안 된다고 생각했다. 그래서 원래 했던 약속을 지켰고, 그해 전 사원들은 월 급여의 400%를 추가로 받았다고 한다. 어떤 CEO들은 회사가 잘되기 전에는 잘되면 어떻게 해주겠다는 식으로 약속을 하지만, 막상 잘되면 그렇게 하기를 아까워하는 경우도 많다. 그러면 리더로서 신뢰를 잃게 마련이다. 그러므로 안철수는 "그럴 바에는 처음부터 약속을 하지 않는 것이 낫다."라고 말한다.

꼭 지켜야 하는 원칙과 약속 때문에 손해를 본 적도 많지만, 대신 무한한 신뢰를 얻기도 한다. 약속은 편안할 때는 지키기 쉽지만 어려운 상황에서 지키는 것이 어렵다. 어려운 상황임에도 불구하고 약속을 지키려고 한 그의 마음과 또 꼭 지킬 수 있는 약속만 하는 그의 태도가 이 시대에서 신뢰를 얻은 것이다.

TIP

약속을 지킬 수 있다는 확신이 없으면 차라리 약속을 하지 않는 것이 좋다. 역사상 훌륭한 리더들은 지키지 못할 약속을 하거나 자기 힘으로는 할 수 없는 약속은 하지 않고 지킬 수 있는 약속만 했다.

혹시 나는 하루에 몇 번 약속을 하고, 그 약속이 몇 퍼센트 정도 지켜지고 있는지 생각해 보자.

"죄송해요. 오늘 다른 일이 있어서…….", "급한 사정이 생겨서…….", "내일부터 할게요."

약속을 어기게 되었을 때 흔히 하게 되는 말이다. 그런데 이런 변명이 한두 번이면 몰라도 계속되면 믿음이 가지 않게 된다.

약속을 어기게 되는 이유는 무엇일까? 우선순위를 제대로 설정하지 못했을 때 흔히 약속을 어기게 된다. 약속을 할 때 이것이 정말 중요한 것인지, 다른 중요한 것과 겹치지 않는지, 다른 변수가 생길 가능성이 있는지를 충분히 생각한 후 약속을 정해야 한다. 아주 작은 약속이라도 항상 지키는 사람이라는 이미지는 하루아침에 생기기 어려운 일이다.

자신과의 약속부터 타인과의 약속까지 한 번 한 약속은 힘들더라도 꼭 지켜보려는 습관을 가져 보자.

08 기회를 준비하라

흔히들 "사람에게는 인생에 딱 세 번의 기회가 찾아온다."라고 말한다. 기회機會를 사전에서 찾아보면 어떠한 일을 하는데 적절한 시기나 경우라고 되어 있다. 영어로 기회는 opportunity, chance, occasion이라고 한다. 세 단어는 다 같은 기회라는 뜻이지만 조금씩 차이가 있다. opportunity는 노력으로 원하는 기회를 만드는 것을 말한다. chance는 우연히 찾아온 좋은 기회를 말한다. occasion은 어떤 일을 하기에 적당한 기회를 말한다.

종합해 보면 기회는 어떠한 일을 하기 위해 노력하여 적당한 시기를 만들거나 우연히 찾아오는 적절한 시기나 경우를 말한다. 흔히 사람들은 기회가 우연히 찾아왔다고 생각하겠지만, 아무 생각 없는 사람에게 찾아온 기회는 그냥 지나가는 것이기 때문에 기회가 될 수 없다.

기회를 통해서 원하는 것을 얻은 사람들은 그만큼 기회를 얻기 위해서 준비하거나, 애타게 기회를 기다리고 있었기 때문에 기회를 붙잡은 것이기 때문이다. 결국, 기회는 열심히 노력해서 다가오는 미래를 나에게 좋은 상황으로 만드는 것이라고 할 수 있다.

실제로 기회를 의미하는 'Chance'의 'c'를 'g'로 바꾸면 변화를 의미하는 'Change'가 된다. 즉 기회를 얻기 위해서는 변화를 해야 한다. 지금과는 다른 준비와 노력을 해야만 기회를 얻을 수 있는 것이다.

안철수는 "운이라는 것은 기회와 준비가 만난 순간이며, 준비된 사람만이 그 기회를 자기 것으로 가질 수 있다."라고 했다.

안철수의 준비가 기회를 만든 일화가 있다.

안철수연구소를 차린 후 4년 여 동안 안철수는 회사를 경영하는 데 경제적 어려움을 겪었다. 백신을 만들었지만 컴퓨터 바이러스에 대한 중요성을 인식하지 못했던 당시 분위기로는 돈을 주고 백신을 사는 사람이 많지 않았기 때문이다. 그러던 중 백신 시장을 엄청나게 확대시켜 회사가 도약하게 된 계기가 있었다. 그것은 바로 1999년 4월에 일어난 CIH 바이러스 대란이었다. 이 바이러스로 개인뿐만 아니라 기업, 관공서의 PC 등 무수히 많은 PC가 피해를 입게 되었다.

그 전부터 CIH 바이러스에 대한 주의를 주었지만, 사람들은 바이러스 피해를 크게 생각하지 않았다. 그러나 막상 바이러스 피해를 입게 되자 그동안 노력했던 자료나 중요한 컴퓨터 자료들이 다 망가지게 되었다. 피해를 입은 사람들은 모두 급하게 CIH 바이러스 치료 백신을 만들어 두었던 안철수연구소를 찾았다. 당시 회사의 모든 전화는 문의 전화로 거의 마비가 되었고, 직원들은 모두 화장실도 못 가고 쉴 틈도 없이 복구 서비스에 매달렸다. 하루에 500명이 넘는 사람들이 하드 디스크를 가지고 안철수연구소로 직접 찾아오기도 했다.

CIH 바이러스로 국가 전체가 피해를 입은 사실은 안타까운 일이었지만, 안철수연구소에 대한 가치는 놀라울 만큼 성장하는 기회가 되었다. 그리고 사회 전체적으로 컴퓨터 보안의 중요성을 인식하게 된 소중한 기회가 되었다.

이 사건으로 인해서 사람들은 바이러스 백신은 한 번 깔아 두면, 더는 바이러스 걱정을 안 해도 된다는 생각에서 벗어나 백신 업데이트의 중요성을 인식하게 되었다. 안철수연구소는 CIH 바이러스를 해결한 후 우리나라에서 가장 큰 컴퓨터 보안회사로 성장하였고, 국가로부터 동탑산업훈장을 받게 되었다.

어떤 사람들은 CIH 바이러스 대란이 안철수연구소에게 행운이 아니었냐고 말하기도 한다. 그러나 안철수는 미리 그러한 피해를 막지 못한 것을 안타까워했다. 더불어 그것이 어떤 성장의 기회였다면 그것은 "준비된 기회였다."라고 말한다. 그리고 그는 "준비가 안 된 상황에서는 행운을 동반한 기회가 오더라도 행운을 잡는 것이 불가능하다. 준비가 안 된 상황에서는 기회가 오히려 불행이다."라며 행운이란 준비된 사람만이 잡을 수 있다고 했다. 기회를 잡는 행운은 준비된 자의 몫인 것이다.

TIP

　　살다 보면 마주치게 된다는 어떤 순간이 자신에게 '기회'라는 것을 알아차리는 사람은 많지 않다. 보통 사람들은 기회가 지나간 후에 '그때 그 기회를 잡았어야 하는데……'라며 아쉬워한다. 준비된 몇몇 사람만이 기회를 포착하고 움켜쥘 수 있다.

　　기회는 좋은 기회이지만 위기는 위험한 기회를 말한다. 보통 기회나 위기는 같은 것이라고들 말하지만, 어떠한 상황이나 조건을 줬을 때 그것을 긍정적으로 보느냐 부정적으로 보느냐에 따라 현실은 기회가 될 수도 있고 위기가 될 수도 있다. 똑같은 상황을 줬을 때, 어떤 이에게는 좋은 기회이지만 어떤 이에게는 위험한 기회가 될 수 있는 것이다.

그래서 긍정적인 사람은 위기 속에는 기회가 숨어 있다고 하고, 위기는 위험과 기회의 줄임말이라고도 한다. 부정적인 사람들은 위험만 바라보고 힘들어 한다. 결국, 위기나 기회는 같은 것인데 마음이 긍정적이냐 부정적이냐에 따라 기회가 되기도 하고 위기가 되기도 하는 것이다.

위기든 기회든 갑자기 나에게 오는 것은 아니다. 위기가 올 때는 어떤 단서나 그것은 일으키는 징후를 나타내면서 온다. 그러므로 우리는 위기라고 느끼는 순간에는 상황 판단을 정확하게 하면서 침착하게 대응하고, 기회라고 판단이 될 때에는 신중하게 그 기회를 잡아야 한다. 기회가 왔다고 해서 너무 자만하거나 흥분해서 일을 그르치지 말고, 위기라고 해서 낙심하고 절망하여 다음 일에 대처하지 못해서는 안 될 것이다.

배우고 경험하라

배우고 경험하라

어떤 사람은 공부를 하지 않고도 성공할 수 있다고 말한다.

역사 속에는 많은 공부를 하지 않았지만 칭기즈칸, 에디슨, 스티브 잡스, 정주영처럼 성공한 사람이 많다. 그러나 이들이 성공하기까지의 삶의 과정을 보라. 처절할 만큼의 노력을 하면서 자신의 분야에서 지식을 쌓기 위하여 노력하였다.

단지 이 사람들은 성공의 수단으로 학교를 이용하지 않았을 뿐이지 더 많이 공부를 하였고, 피나는 노력으로 지식을 쌓은 사람들이다.

그리고 그들은 공부하기 싫어서가 아니라 학교를 다니기 어려운 삶의 역경이 있었기 때문에 교육의 혜택을 제대로 받지 못한 사람들이 대부분이다.

그들은 못 배운 것에 대하여 한이 맺혀 평생을 통해 더욱 열심히 배우려는 의지가 강했던 남다른 사람들이었다.

또한, 이들의 특징은 알고 싶어 하는 지식을 얻기 위하여 독서를 생활화하였다는 것이다.

안철수도 어릴 때는 공부보다는 독서로 세월을 보내고, 고등학교 때부터 공부를 시작하였지만 남들이 가기 어렵다는 서울대 의대에 진학하였다.

의사가 되어서도 바이러스를 공부하여, 안철수연구소를 설립했다. 그러나 그는 여기서 멈추지 않고 경영학을 공부하기 위해 유학을 갔다.

안철수는 항상 공부를 멈추지 않고 다양한 경험을 하였다.

01 책 속에 길이 있다

인류의 역사나 개인의 발전은 책에 의해 발전해 왔다고 해도 과언이 아니다. 세계 최고의 갑부인 마이크로소프트 회사의 빌 게이츠도 동네의 작은 도서관이 지금의 나를 만들었다고 하여 독서의 중요성에 대하여 강조하였다. 인생의 밑바닥에서 가장 성공한 여성으로 손꼽히는 토크쇼의 여왕 오프라 윈프리도 독서로 인하여 지금처럼 성공하게 되었다고 한다.

안철수도 독서를 통해서 세상을 배웠다. 안철수의 가장 기본적인 지식 추구 수단은 다름 아닌 책에 있었다. 책을 통해 미지의 세계에 대한 탐색을 해두면, 새로운 세계로 도전하는데 자신감이 생기며 발을 들여 놓을 용기도 생겼던 것이다.

독일의 문호 마르틴 발저는 "우리는 우리가 읽은 것으로부터 만들어진다."라고 했다. 안철수도 그랬다. 안철수도 자신을 '끊임없이 독서하고 학습하는 사람'이라고 정의할 만큼, 많은 것을 독서로부터 얻고 채워 왔다.

안철수는 새로운 도전에 앞서 항상 먼저 그와 관계된 책을 읽었다.

안철수는 대학교 2학년 때까지 바둑을 둘 줄 몰랐지만, 취미를 하나 정도 두고 싶은 생각으로 정신 수양에 좋은 바둑을 배우기로 결심했다. 그런데 안철수는 다른 사람에게 배우지 않고 스스로 바둑의 정석을 스스로 터득해 보기로 결심했다. 그는 바둑에 관한 책을 50권 넘게 사서 읽고 또 읽었다. 하지만 바둑을 한 번도 둬본 적이 없는 사람이 책만 보고 이해하기란 어려웠다. 그래도 그는 바둑의 정석을 읽고 외우고 또 외웠다.

그런 다음 바둑을 두는 기원에 갔다. 그런데 책에서 터득한 내용과 실전이 달라 매번 지고 말았다. 그런데 바둑을 두다 보니 점차 책에서 배운 지식이 생각나고 응용이 되기 시작했다. 결국, 안철수는 책을 통해 바둑의 정석을 깨닫게 된 것이다.

대학에 입학해서도 전국의 인재가 모인 서울대 의대에서 공부를 따라가는 것은 쉽지 않았다. 그러나 안철수는 책을 통해 기초를 탄탄히 하면서 의대 공부도 잘해 나갈 수 있었다. 남들이 문제집부터 보고 공부할 때, 안철수는 교과서부터 보았으며, 수많은 책들을 읽어서 우선 기본 지식을 습득하고 수업을 들었다.

컴퓨터에 대한 관심을 갖기 시작하면서도 컴퓨터에 대한 기본 지식을 얻기 위해서는 독서부터 시작하였다. 전공도 하지 않은 상태였지만 워낙 많은 컴퓨터 관련 책들을 읽다 보니 컴퓨터 분야의 전문가가 되었고, 결국에는 안철수연구소를 만드는 계기를 만들어 주었다.

안철수는 말한다.

"아무리 모르는 게 많아도 소처럼 읽어 나가다 보면 결국 통째로 이해할 수 있게 됩니다."

안철수의 이러한 독서를 통한 학습 습관은 학창 시절만이 아니라 지금도 그렇다. 이러한 습관을 잘 나타내 주는 일화가 있다.

안철수는 큰 맘 먹고 가족들과 시간을 내어 제주도로 여행을 갔다. 그런데 거기서도 독서가 좋아서 여행 기간 내내 호텔 방에서 온 가족이 책만 보다 왔다는 에피소드가 있을 정도이다.

소설을 읽는 것도 안철수의 유일한 취미였다. 안철수는 혼자 있기를 좋아했다. 때문에 다른 사람과 대화를 자주 나누지 못하였지만, 그 공백을 소설 속 주인공과의 대화로 메꿔 나갈 수 있었다.

그는 소설을 읽을 때 얼마나 몰입하는지 다음과 같이 말했다.

"나는 책을 통해 상상의 세계로 들어가 보기를 즐깁니다. 책을 통해 내가 직접 살아 보지 못한 역사 속으로 들어가서, 그 당시 사람들이 어떻게 생각하고 행동하고 고민했는지 들여다보는 것이 좋습니다. 두꺼운 소설책을 반 정도 읽다 보면, 좀 있으면 소설 속의 인물들과 헤어져야 한다는 마음에 슬퍼지는 느낌이 들 때도 있습니다. 그럴 때는 정말 아껴서 꼼꼼하게 읽어요."

TIP

안철수는 자신의 독서의 효과에 대해서 다음과 같이 말했다.

"의학도 그렇고 컴퓨터도 그렇고 기초부터 책을 읽고 배우다 보니, 처음 한 단계 올라서는 데 남보다 많은 시간이 걸렸지만 나중에는 가속도가 붙었다."

안철수가 책을 통해 얻었던 배경 지식은 자신의 다양한 경험과 합쳐져 그 분야 최고의 전문가로 성장할 수 있게 해주었다.

어린 시절부터 지금까지 그가 책을 통해 얻은 정보와 지식은, 인생에서 중요한 결정들을 할 때마다 어김없이 기본이 되어 그를 든든하게 이끌어 주었다.

만약 나에게 관심 분야가 생긴다면 먼저 그 분야의 책부터 읽어 보자. 책을 읽고 배경 지식을 많이 쌓아두면 공부에도 도움이 될 뿐만 아니라 인생을 성공으로 이끌어 준다.

02 메모하는 습관을 길러라

우리는 살아가면서 수많은 생각들을 한다. 그러다 문득 좋은 아이디어가 떠오를 때가 있다. 좋은 아이디어라는 것은 일부러 시간을 내서 떠올리려고 해도 안 떠오를 때가 많다. 오히려 시간을 내어서 생각한 것이 아니라 길을 걷다 문득 떠오를 수도 있고, 신호등을 기다리다 떠오를 수도 있다. 그렇게 언제 어떻게 떠올랐다가 기억 속에 사라질지 모른다. 그런데 우리는 순간순간 떠오르는 생각들을 얼마나 잘 머릿속에 담아둘 수 있을까? 그날 밤 책상에 앉아 낮에 떠올린 생각들을 얼마나 기억해서 적을 수 있을까?

좋은 아이디어가 떠올랐을 때, 바로바로 메모해 두지 않으면 망각의 동물인 우리는 금세 잊어버리기에 십상이다. 아마 좋은 생각이 떠올랐다는 사실조차 잊어버릴지 모른다.

그래서 메모가 필요하다. 우리는 메모가 중요한 성공 습관이라고 얼마나 많이 들어 왔는가? 그러나 실제로 메모지를 항상 들고 다니면서 해야 할 일이나 아이디어를 그때그때 적어 두는 사람은 많지 않다. 성공한 사람들은 10년 동안만 메모를 하면 누구나 자신의 분야에서 최고의 자리에 올라설 수 있을 것이라고 한다. 실제로 세상을 뒤흔든 위인들은 모두 메모광이었다는 것에 주목해야 한다. 안철수도 메모의 달인이었다. 안철수는 자신의 성공 비결 중 하나가 바로 메모하는 습관이라고 말한다.

최효찬의 《한국의 메모 달인들》에 보면 메모광인 안철수에 대한 이야기가 나온다. 안철수는 지금도 하루에 메모를 A4용지로 서너 장씩 한다. 그는 식당에서 밥을 먹다가 떠오른 아이디어는 물론, 직원들과 회의했던 내용까지 모든 것을 메모지에 기록한다. 책을 읽을 때도 메모를 하면서 읽는다.

안철수가 인터뷰한 내용을 보면 얼마나 메모를 열심히 했는지 알 수 있다.

"메모지가 쌓이다 보니 거의 가방에 가득 찰 정도가 되었어요. 무게가 10kg 정도 될 양이었어요. 그래서 더 큰 가방에 그 메모지를 넣어서 다녔어요. 메모지는 들기에 무거운 무게였지만 한편으로는 제 고민의 무게였던 것 같습니다."

안철수는 특별한 메모지를 가지고 다니지는 않지만 아이디어가 생각날 때마다 아무 데나 메모를 한다. 바로 사라지는 아이디어를 잡기 위해서다.

안철수는 메모의 중요성에 대해서도 다음과 같이 말했다.

"아이디어는 휘발성입니다. 메모를 해서 떠오르는 아이디어들을 구체적인 정보로 바꾸어 놓지 않으면 휘발성 물질처럼 형체도 없이 사라져 버립니다. 메모를 해두지 않아서 잊어버린 생각들을 다시 떠올리기란 보통 어려운 일이 아닙니다."

안철수는 바쁜 스케줄 속에서도 10권의 책을 썼다. 그는 책을 쓰는 요령에 대해서 다음과 같이 말했다.

"나는 생각이 나면 메모했다. 메모지를 묶으니 책이 됐다."

생각날 때마다 아무 종이에나 메모를 했던 방식과 더불어, 안철수는 메모에 노트북을 활용하기도 했다. 노트북 바탕 화면에 '글 소재'라는 파일을 만들어 놓고 아이디어가 떠오르는 대로 메모를 해두었던 것이다.

안철수는 메모를 모아 책을 내기도 했다. 안철수의 저서 《CEO 안철수, 영혼이 있는 승부》, 《CEO 안철수, 지금 우리에게 필요한 것》은 각각 6000매, 3000매의 원고를 정리한 것이라고 한다. 이 원고들은 몇 년에 걸쳐 기록한 메모를 정리한 것이었다. 생각을 적어 둔 작은 메모들이 모여 한 권의 책으로 새롭게 탄생한 것이다.

안철수의 이런 메모 습관은 중요한 일을 놓치지 않게 해주었다. 중요한 일을 앞두고 있을 때 순간순간 떠오르는 반짝이는 아이디어들을 메모해 둔다. 그런데 이런 아이디어들을 정리해 두면 무엇을 어떻게 해야 할지 방향을 잡을 수 있다.

안철수는 메모를 자신이 도전과 변화를 하는데 힘이 되어 준 보이지 않는 동반자라고 한다. 메모를 하다 보니, 막연한 아이디어를 구체화할 수 있었다. 전혀 다른 전공 분야를 공부해 왔지만, 꾸준한 메모는 그 분야에서 결국 최고가 될 수 있게 도와주었다.

안철수는 메모에 대해 이렇게 이야기한다.

"사람들은 항상 시간에 쫓기다 보니 바쁜 일만 하게 되고 정작 중요한 일은 빼먹어요. 그런데 사실은 중요한 일을 먼저 해야 인생이 달라질 수 있어요. 그런 중요한 일들을 잊어버리지 않기 위해서 메모를 해둔다면, 바쁜 일에 밀려 못 하고 넘어가는 일을 막을 수 있어요."

'지혜' 라는 것은 경험으로부터 배우는 여러 가지 능력에서 나온다. 리더가 지혜로운 사람이어야 한다면, 리더가 되기 위해서는 당연히 여러 가지 경험을 해보아야 한다.

메모하는 습관은 시간 관리의 시작이며, 학생에게는 효율적인 필기, 정리하는 기술의 바탕이 된다. 남들보다 앞서 나가는 사람은 머리가 좋은 사람이 아니라 메모를 잘하는 사람이라고 한다. 두뇌가 완벽하다면 메모를 할 필요가 없을지 모른다. 그러나 메모는 그렇지 못하기 때문에 해야 하는 것이다. 중요한 일을 잊지 않기 위해서, 떠오른 아이디어를 놓치지 않기 위해서 최소한의 안전장치를 해두는 것이다.

메모를 하다 보면 자신의 변화된 모습을 확인할 수 있을 뿐 아니라, 언젠가는 메모를 잘 활용해 자신의 분야에서 성공해 있을 것이다.

메모를 잘하는 방법은 다음과 같다.

일단 언제 어디서든 메모할 수 있는 작은 메모지와 필기구를 준비해 오늘 해야 할 중요한 일부터 기록하는 습관을 들이자. 중간마다 중요한 일들을 하고 있는지 체크하자. 그리고 감동 깊은 명언을 발견했을 때나, 책을 읽고 기억에 남는 글귀 등도 메모해 보자. 특히 관심 있는 분야가 있다면 관련된 정보를 얻을 때나 독창적인 아이디어가 떠오를 때 바로바로 적어 두자. 이런 것들이 바로 중요한 성공 습관 중의 하나이다.

03 경험은 기회를 만들어 준다

경험은 두 가지 측면에서 리더로서의 자질에 영향을 미친다. 첫째는 자신이 하게 되는 모든 일에 가장 믿을 만한 바탕이 된다. 둘째로, 모든 경험은 약으로 활용할 수 있다. 실패했으면 실패한 대로, 성공했으면 성공한 대로 다른 사람에게 교훈으로 전달할 수 있다. 즉 경험을 통해 값진 의미만 추려낼 수 있다면, 모든 경험은 리더로서의 자질을 갖추는 데 도움이 되는 것이다.

안철수는 보통 사람이라면 일생에 한 번 바꾸기도 힘든 직업을 여러 차례 바꾸는 경험을 하였다. 그는 여러 번 진로를 바꾸었지만 그때마다 예전에 했던 일들이 쌓여서 더욱 창의적인 사람이 될 수 있었다. 그래서 경험은 시간의 낭비가 아니라 자신에게 기회라고 하였다.

안철수에게 한 학생이 찾아와 현재 전공이 자신과 맞지 않는다며 상담을 해온 적이 있다. 그 학생은 다른 전공을 원했지만, 전공을 바꿨을 때 또 안 맞을지도 모른다는 두려움 때문에 바꾸지도 못하고, 고민만 1년이 넘게 해왔다고 하였다.

안철수는 그 학생에게 조언했다.

"아무리 오래 강둑에 앉아서 강물을 바라본다 해도 강물의 세기를 알 수 없다. 물살이 센지 어떤지 알려면 신발과 양말을 벗고 직접 강물에 뛰어들어 보아야 피부로 느낄 수 있다."라며 고민만 하지 말고 일단 전공을 바꾸어 보기를 권유했다. 그리고 말했다.

"만약 강물에 뛰어들었다가 강물에 떠내려가게 된다 하여도, 이는 경험을 통해 깨닫게 되는 값진 순간이다. 이를 통해 또 다른 분야에서는 시행착오를 하지 않을 수 있고, 내 자신이 누구인지를 더 확실히 알 수 있다."

안철수는 고민만 하지 말고 시간을 내서라도 하고 싶은 일을 시도해 보라고 한다. 자신이 하고 싶은 것이 무엇인지 모르겠다면, 시간을 내서 여러 가지 다양한 경험을 해보고 도전해 보라는 것이다. '고민'이란 성장하기 위해 꼭 필요한 것이지만, 고민만 하면서 세월만 보내서는 안 된다고 충고한다.

안철수가 컴퓨터를 접했던 것은 심장 전기생리학을 전공하면서 쟁쟁한 친구들 사이에서 컴퓨터를 이용해서 공부에 도움이 될까 해서였다. 전공을 잘하기 위해 기계어 공부를 막 끝냈을 때 컴퓨터 바이러스를 만나게 된다. 만약 그가 기계어 공부를 하지 않았다면, 바이러스를 보고도 그냥 지나쳤다면, 백신 프로그램을 만들어 잡지사에 알리지 않았다면, 백신회사를 만들지 않았다면, 경영을 더 잘하기 위해 유학을 가지 않았다면 지금의 안철수는 없었을 것이다. 그의 모든 경험의 합이 지금의 안철수를 만들었다.

TIP

성공의 반대는 실패가 아니라 시도하지 않은 것이라고 한다. 시도하지 않았다는 것은 내가 나에게 기회조차 주지 않은 것이다. 내가 시도해 보고 경험해 봐야 삶을 이끌어나갈 지혜가 쌓인다. 무엇이든 해보고 싶은 것이 있으면 당장 해보자.

한 분야에서 쌓은 경험은 다른 경험과 연결되었을 때 창의적인 아이디어를 만든다. 어떤 분야에서 창의적인 사람이 되면 바로 창의적 경쟁력을 갖춘 리더가 될 수 있다. 남들이 가지 못한 분야에서 앞서 나가면 바로 리더가 되기 때문이다.

그렇다고 무조건 경험만 하는 것이 중요한 것이 아니라, 경험을 통해 자신을 긍정적으로 발전시키는 것이 중요하다. 성공한 경험이든 실패한 경험이든 모든 경험이 나에게 도움이 되는 경험이 되려면, 자신의 경험을 통해서 무엇이든 배우려는 자세가 필요하다.

04 창조성을 키워라

단순히 창의성이라고 하면 남들과 다른 생각을 하는 것을 말한다. 그러나 이제 창의성이 세상을 변화시키는 데 중요한 개념이 되면서 창의성에 대한 개념은, '자신과 타인의 행복을 위해 가치를 부여할 수 있는 새로운 아이디어를 만들어 내는 것' 이라고 할 수 있다.

창의성이 높은 사람이 자신과 타인의 행복을 증가시키기 위해 노력하다 보면 자연스레 서로의 행복지수가 늘어나고 사회가 발전하게 된다. 즉 창의성의 가치는 개인의 가치를 높이기 위한 개념이 아니라 사회를 발전시키는 아이디어를 만들었을 때 더욱 가치가 있다. 안철수가 가진 창의성은 이처럼 개인의 가치를 높이기보다는 사회를 발전시키는 중요한 아이디어가 된 것이다.

〈월간 브레인〉이라는 잡지에서 안철수는 가장 창조적인 한국인

7명으로 선정하였다. 〈시사 저널〉에서는 'IT 분야 존경하는 인물 1위'로 선정하였다. 무엇이 그를 창조적인 한국인으로 선정하고 존경하는 사람으로 만들었는가? 그 이유에는 여러 가지가 있다.

첫째는 바로 바이러스를 치료하는 기술을 최초로 만들었기 때문일 것이다. 안정된 의사나 교수 자리를 보장받을 수 있는데도 새로운 분야에 뛰어든 것도 그렇지만, 그의 백신 프로그램은 당시 누구도 생각하지 못했던 창조적인 것이기 때문이었다.

둘째는 1995년 당시 아무도 거들떠보지 않는 백신 공급을 위해 공익 연구소를 설립한 점이다. 당시는 외국 보안업체가 한국 시장에 진출해 들어오던 시기였다. 만약 안철수의 백신이 없었다면 우리는 MS 윈도우처럼 엄청난 비용을 들여 백신을 사야 했을 것이다. 우리나라 정부도 대기업도 돈이 안 되는 백신에는 관심이 없었지만, 안철수는 우리 시장을 지키기 위해서 창의적인 생각으로 안철수연구소를 만든 것이다.

안철수는 자신도 창의성이 높은 사람이었지만, 애플의 아이팟을 보고 창의성이 더 필요함을 느끼게 된 일화가 있다.

"처음에 아이팟을 구입했을 때 온오프 스위치와 볼륨이 없어 놀랐습니다. 그냥 원반에 화면만 있더라고요. 그래서 사용 설명서 한번 읽어 보았는데, 그 다음부터 평생 설명서를 볼 필요가 없더라고요."

안철수는 원반 하나로 모든 것이 다 해결되는 것을 보고, 누가 이런 창의적인 아이디어를 냈을까 궁금해서 애플의 디자인팀을 만나서 물었다.

"어떻게 온오프 스위치를 없앨 수 있는 디자인을 할 수 있나요?"

애플의 디자인팀은 말했다.

"한 분야에만 전문 지식을 가지고 있는 옛날 디자이너는 이런 생각을 못 한답니다. 옛날 디자이너들이 기계를 만드는 과정은 먼저 엔지니어가 온오프 스위치를 어디에 넣어야 하는지 회로 설계도를 만들어서 제약 조건을 달면 디자이너가 설계도를 받아 여러 가지 제약 조건을 만족하게 하면서 가장 예쁜 제품을 만드는 것이었죠."

실제로 애플에서는 디자이너를 고용할 때 디자인 전문 지식뿐 아니라 전자공학 등 다른 분야도 잘 아는 디자이너들을 고용하였다. 그래서 그들은 디자인을 할 때 보기 좋은 디자인만 생각하는 것이 아니라 어떻게 하면 '온오프 스위치를 없앨 수 있나?'와 같은 생각까지도 할 수 있다는 것이다. 그래서 애플은 아이팟, 아이폰과 같은 갖고 싶은 디자인을 가진 제품이 나올 수 있었던 것이다.

안철수는 개인의 가치를 높이는 창의성보다는, 사회의 발전을 높이는 데 필요한 창의적인 아이디어를 내려고 노력하였다. 그래서 백신 프로그램도 만들고 안철수연구소를 만들어 우리나라를 외국의 백신 시장의 지배하에 놓이는 것을 막았으며, 백신 산업을 성공시켰다. 이로 인해 우리나라의 개인 소비자들은 백신 프로그램을 무료로 사용할 수 있게 되었고, 기업은 값비싼 로열티를 지불하지 않고도 업무를 수행할 수 있게 된 것이다.

05 무엇을 하든 몰입하라

한국의 빌 게이츠라 불리는 티맥스소프트의 최고 경영자 박대연은 몰입 덕분에 성공한 사람이다. 시골에서 가난한 농부의 6남매 중 장남으로 태어난 박대연은 어린 시절 아버지가 돌아가셔서 학창 시절부터 가장으로서 생활 전선에 뛰어들어야 했다. 그 와중에도 그는 동생들 학비와 생활비를 벌면서 주경야독으로 공부하였다. 그는 은행원이 되고 싶었다. 그런데 그 시절 최고의 직장인인 은행원이 되기 위해서는 고교 수석 졸업장이 필요했다.

졸업을 6개월 앞두고 다급해진 그는 고교 수석을 하기 위해 여러 공부 방법 중 수업에 몰입하는 방법을 선택하였다. 결국 전교 수석으로 졸업하여 원하던 은행에 취직하였다. 그는 은행에서도 긍정적인 마음으로 최선을 다해 근무하던 중 마침내 자신이 진정으로 원하는 것에 몰입하기 위해 과감하게 회사를 그만두었다.

32세 되던 해에 안정적인 은행원을 포기하고 미국의 오리건대학교 컴퓨터공학과로 유학을 결심한다. 누구나 안정적인 생활에 안주하기를 원하는데 그는 언어가 제대로 통하지 않는 힘든 유학 생활을 택한 것이다. 오리건대학교는 역사상 전체 A가 한 번도 없었다. 그러나 그는 1년 3개월이라는 짧은 시간에 오직 컴퓨터에 몰입하는 노력만으로 전 과목 A를 받았고, 교수님들도 그의 노력에 감동하여 남가주대학교를 추천해 주었다. 결국, 그는 유학을 간 지 5년 7개월 만에 박사학위를 받았다. 박사학위를 받기까지 그가 받은 장학금은 1억 5,000만 원이었다. 그의 성공은 자신이 좋아하는 일에 몰입한 덕분이었다.

안철수도 대단한 몰입 능력을 가지고 있었다.

고등학교 2학년 때까지 반에서 중간 정도의 성적밖에 안 되었던 안철수가, 국내에서 최고라고 하는 서울대학의 의예과에 합격할 수 있었던 이유 중 하나는 많은 독서량 때문이다. 안철수는 좋아하는 일이라면 몰입하는 성격을 가지고 있었다. 그래서 안철수는 학교 다닐 때는 걸어 다니면서도 책을 읽었고, 도서관의 책을 모두 다 읽어 버릴 정도로 독서에 몰입하였다.

안철수는 어릴 때 에디슨과 같은 과학자가 되고 싶었다. 누가 물어봐도 과학자라고 대답할 만큼 꿈이 확고했다. 과학자가 꿈이었기에 기계나 전기 장비에 대한 호기심이 유별났다. 새로운 기계를 보면, 그것을 분해해서 내부를 보고 싶은 욕구가 생겼다. 그래서 할 일이 없으면 집안이나 서랍을 뒤져서 분해해볼 만한 것들을 찾아내어 분해를 해보았다.

안철수는 어릴 때부터 동물과 식물을 기르는 것에 관심이 많았다. 어릴 때부터 동식물을 기르면서 자연스럽게 작은 생명이라도 소중하게 생각하는 마음을 배웠다. 동식물을 기를 때도 몰입을 해서 최선을 다해서 키웠다. 생명을 소중하게 생각하는 마음을 가지고 있기 때문에 의대에 진학해서도 충분히 훌륭한 의사가 될 수 있을 것으로 생각했다. 그래서 고등학교 3학년 때는 의대를 가야 하기 때문에 1등을 차지해야 한다고 마음먹고 공부에 몰입하여 1등을 했다.

안철수는 책을 읽을 때나 공부를 할 때 몰입을 하기 때문에 하루에 잠을 3시간만 자고도 7년간을 보낼 수 있었다. 안철수는 안정적이고 명예를 얻는 의사의 길을 걷는 것보다 자신의 재능을 더 잘 쓸 수 있는 백신 만드는 일에 몰입했다. 그래서 그는 안철수연구소를 만들었고, 그로 인해서 사람들의 존경을 받게 되었다.

안철수는 매 순간 자신이 관심 있는 분야에 몰입을 해온 삶의 자세가 그의 인생을 빛나게 만든 것이다. 이렇듯 '몰입'은 가장 중요한 성공 공식 중 하나이다.

TIP

몰입은 간절하게 바라는 마음이나 분명한 목표에서 시작된다. 따라서 자신이 좋아하는 일에 몰입하기 위해서는 간절히 좋아할 수 있는 일을 찾는 것이다. 자신이 세운 진학이나 공부 목표가 간절하면 할수록 몰입할 수 있는 가능성이 커진다.

게임을 오랫동안 마음대로 즐기고 싶은 욕구가 생기면 게임에 집중하는 것과 같이 자신이 좋아하는 일에 몰입하려면 간절한 목표를 세우는 것이 좋다. 목표가 확고해지면 몰입하게 되지만, 목표를 갖지 않으면 몰입하려는 생각도 없게 된다.

한때 베스트셀러였던 《시크릿》이란 책을 보면 끌어당김의 법칙, 즉 긍정적인 생각을 하면 긍정적인 환경이 만들어진다고 하였다. 이로 인해 많은 사람들이 자신의 목표를 세우고 간절히 원하는 것이 유행되기도 하였다.

성공을 하려면, 내가 간절히 원하는 목표를 세우고, 그것을 이루기 위해서는 내가 좋아하는 일에 몰입하는 방법밖에는 없다고 다짐해 보자.

06 시간을 잘 활용하라

프랑스의 사상가 몽테뉴는 "사람은 시간을 빌려 주는 것을 쉽게 생각한다. 만일 사람들이 돈을 아끼듯이 시간을 아낄 줄 알면 그 사람은 남을 위해 더욱 큰일을 하며 크게 성공할 것이다."라고 말했다.

성공하고 싶다면 시간부터 관리하라는 말이다. 실제로 주변에서 성공한 사람들은 모두 시간을 생산적으로 사용한 사람들이었다. 바꿔 이야기하면 시간을 지배하지 못하고서는 성공할 수 없다는 것을 말한다.

안철수도 시간 관리를 평범하게 하지 않았다. 남들은 한 가지밖에 못 하는 일도 안철수는 동시에 여러 가지를 해내면서 살았기 때문이다. 안철수는 남들보다 다양한 사회 활동으로 바쁜 시간을 보내지만 시간 관리를 잘한다. 바쁜 사회 활동도 하면서 자투리 시간을 모아서 독서도 하고, 책도 쓰고, 강연도 하고 있다.

안철수는 어릴 때부터 시간 관리를 잘하는 편이었다.

초등학교 때는 학교 공부 이외에 시간이 나는 대로 책을 읽었으며, 방학 때는 시간이 많이 걸리는 전집을 밤을 세워가며 읽었다. 학교를 다닐 때는 등하교 시간이 30분씩 걸렸는데, 이 시간도 헛되이 보내지 않고 자투리 시간을 활용해서 책을 읽으며 다녔다.

자투리의 사전적 의미는 자로 재어 팔거나 재단하다 남은 천 조각을 의미한다. 하루에 쓸데없이 보내는 시간을 자투리 시간이라고 한다면, 우리가 이러한 자투리 시간을 모아서 쓴다면 엄청난 시간을 유용하게 사용할 수 있는 시간이 될 것이다. 실제로 1년 동안 활용할 수 있는 자투리 시간을 다 모으면 10일가량 보너스 같은 시간을 얻을 수 있다.

안철수는 대학교수 생활을 하는 도중에도 잠자는 시간을 줄여 백신 개발을 하였다. 그는 낮에는 공부와 학교 일로 시간을 보내고, 잠자는 시간을 쪼개어 새벽에 일어나 3시부터 6시까지 백신을 만들었다. 대학원에서 논문을 쓰는 도중에도 컴퓨터 백신 프로그램을 만들기 위하여 시간을 두 갈래로 나누어 활용하며 지냈다.

안철수는 유학 중에도 공부와 회사 일, 두 가지를 병행하면서 생활계획도 매우 빡빡하게 짰다. 일과 공부량이 늘어나면 잠자는 시간도 대폭 줄여서 생기는 시간을 활용했다.

안철수의 이런 습관은 지금도 이어진다. 안철수는 시간 활용에 대해 이렇게 이야기한다.

"우리 회사 건물은 엘리베이터를 10분 이상 기다려야 탈 수 있어요. 그 시간에 책을 읽으면 한 달에 두 권은 더 읽을 수 있어요."

"자기 계발을 해야 하는데, 바빠서 시간을 낼 수 없다고 불평만 하면서 정작 아무것도 하지 않는 것이 가장 어리석은 일입니다."

안철수에게 시간이 없어서 못한다는 이야기는 핑계일 뿐이다. 시간은 내려면 얼마든지 낼 수 있다는 것이다. 안철수는 깨어 있는 단 한 순간이라도 시간을 헛되이 쓰지 않겠다고 할 정도로 시간 관리에 철저한 사람이었다.

학생들이 집을 떠나 학교까지 도달하는 등교 시간은 족히 30분은 걸린다. 왕복이면 하루에 1시간, 일주일이면 5시간, 1년이면 110시간, 날짜로 따지면 5일에 가깝다. 등하교를 하면서 아무것도 하지 않고 등교하는 데만 사용하면 시간을 낭비하게 되는 것과 같다. 따라서 등하교 시간을 이용하여 독서나 수업 계획을 하거나 인터넷 강의 등을 내려받아 들으면 자투리 시간을 활용할 수 있다.

등하교 시간뿐만 아니라 학교에서 쉬는 시간과 점심을 먹고 나서의 시간 등을 합치면 하루 평균 100분 정도의 시간이 생긴다. 요즘처럼 바쁜 학생들의 스케줄에서 '하루 100분'이라는 시간은 그냥 내기도 힘든 시간이다. 굳이 찾으려고 하지 않으면 보이지도 않는 시간이지만, 한 번 활용해 보면 얼마나 값지게 사용할 수 있는지 알게 된다.

연습이 되지 않은 학생에게는 혼란스러워서 하기 힘들지도 모른다. 그러나 재미있는 만화책이라도 보는 연습을 통해서 자투리 시간을 그냥 흘려보내지 않는 습관을 만들어 보자.

※ 공신들이 말하는 자투리 시간에 하면 좋은 공부들

쉬운 수학 문제 풀기

- 쉬는 시간 10분이면 수학 문제 5문제는 풀 수 있다고 한다.

  100분이면 50문제를 풀 수 있다.

  너무 어려운 문제는 시간이 많이 걸리므로 개념 이해 문제가

  좋다.

영어 단어 외우기

- 영어 단어는 시간을 일부러 내어 외우기는 아깝다.

  목표 개수를 정해 놓고 영어 단어를 외워 보자. 암기 카드 같

  은 것도 좋다.

숙제 – 학교나 학원 숙제를 해두면 나머지 시간을 자기 공부에

       활용할 여유가 생긴다.

예습 – 수업 시작 전 5분 동안, 다음 수업 시간 교과서를 훑어

       보는 것은 가장 효율적인 쉬는 시간 5분 활용 방법이자

       예습 방법이다.

복습 – 수업이 끝난 후 배운 내용을 5분 동안 복습하면, 그냥

       책을 덮는 것보다 훨씬 수업 내용을 오래 기억할 수 있

       다. 공신들은 최초의 복습 타이밍을 이때로 잡는다.

07 집중력을 키워라

집중력이란 마음이나 주의를 한 곳으로 모으는 힘을 말한다. 즉 한정된 시간 동안 지속적으로 한 곳에 모든 마음을 기울이고 몰입하는 능력이다. 공부할 때의 주의 집중력이란 주변에서 어떤 일이 일어나든지 의식적으로 자신의 주의력을 한 곳, 즉 공부하는 데에만 기울이는 능력을 말한다.

집중력이 부족하면 금세 끝마칠 수 있는 공부도 오랜 시간 붙들고 있게 되고, 공부 중에 멍하니 딴생각에 빠지게 되거나, 좀 전에 공부한 것을 금방 잊어버리거나, 의자에 잠시만 앉아 있어도 몸을 비틀게 된다.

기억을 하기 위해서는 집중력이 절대적으로 필요하다. 만약 주의 집중력이 없다면 기억을 하기가 어려울 것이다. 집중력은 공부를 하는 데에 듣기, 읽기, 기록하기, 시험 보기와 같은 정신 활동에서 매우 중요한 역할을 수행한다. 집중력이 높아지면 한 번만 읽어도 모두 머릿속에 기억될 뿐만 아니라 공부를 할 때도 시간 가는 줄 모르고 빠져들게 되므로 주의 집중력은 학습 능력을 키우는 데 더할 나위 없이 중요하다.

안철수는 어린 시절 내성적이며 발표력도 부족했지만 집중력 하나는 대단했다. 그는 책을 읽을 때, 아무리 주변이 시끄럽고 책을 읽을 환경이 되지 않아도 책만 잡으면 바로 집중하여 책 읽는 데만 신경을 썼다.

안철수가 공부를 잘하게 된 이유도 집중력 덕분이었다. 안철수가 학생들과 인터뷰에서도 집중력의 중요성에 대해 이야기했다.

"나는 교과서를 기본으로 공부했어요. 책을 읽듯 교과서에 집중해서 공부했어요. 그러다 보니 머릿속에 모든 것이 그려졌어요. 나는 공부를 잘하기 위해서 꼭 필요한 것이 집중력이라고 생각해요."

안철수 자신이 집중력이 높다고 느낀 것은 대학에서 공부하면서

부터라고 한다. 의과 대학에 들어가서 방대한 양의 전공 공부와 컴퓨터에 대한 공부를 같이 해야 하는데 시간이 없었기 때문에, 시간을 절약하기 위해서는 집중력이 절대적으로 필요했던 것이다.

그의 집중력이 얼마나 대단했는지 알려주는 일화가 있다.

서울대를 다닐 때의 일이다. 아침에 일찍 학교에 와서 남는 시간 동안 공부를 하기 위해 도서관을 찾았다. 잠깐 공부하려고 간 거였지만, 너무 집중해서 공부하다 보니 시간 가는 줄도 모르고 공부를 했다. 천둥 번개 치는 것도 모르고, 도서관 문 닫을 때까지 공부를 하고 있었다고 한다.

흔히들 '선택'과 '집중'만 잘해도 인생에 성공한다고 한다. 안철수는 선택에도 남달랐지만, 집중력 또한 남달랐기에 자신의 분야에서 성공할 수 있었다.

TIP

공부를 잘하는 학생일수록 공부에 집중하는 능력이 탁월하며, 그러면 공부 시간도 절약할 수 있고, 공부를 완벽하게 할 수도 있다. 그러나 집중력이 부족하면 같은 양의 공부를 해도 시간이 많이 걸리고 공부를 건성으로 하게 된다.

일반적으로 집중력은 선천적으로 결정되기 때문에 변화시킬 수 없다고 생각하지만, 사실 집중력은 훈련을 통해 향상할 수 있다. 집중력이 높아지면 자신의 심리적 환경이나 물리적 환경을 스스로 조성하거나 방해하는 환경을 조절할 수 있다.

집중력이 높으면 자신이 정한 목표에 도달하기 위해서 어느 정도 참아내는 인내력과 함께 자신을 통제하는 능력이 생긴다. 암기력은 주의가 집중되어야만 가능한 고도의 두뇌 활동이다. 따라서 집중력이 높으면 암기력이 높아지고 집중력이 낮으면 암기력도 떨어지게 된다.

만약 집중력을 방해하는 것이 있으면, 자신의 집중력을 방해하는 원인을 생각나는 대로 적어 보고, 어떻게 하면 그 원인들을 제거할 수 있을지 대책을 세워 보는 것이 필요하다. 그중 가장 해볼만 하다고 생각되는 것들을 하나씩 해보자. 집중력은 의지와 노력으로 키울 수 있다. 무엇보다 목표가 있어야 집중력의 씨앗을 틔울 수 있다.

08 전문가가 되어라

사회에서 성공하거나 리더가 되려면 전문성을 가지고 있어야 한다. 리더가 전문성이 부족하면 리더가 아무리 좋은 사람일지라도 따르기 어렵다. 리더가 잘 모르면 그가 무슨 일을 할 때 옳은 방향으로 가는지 믿을 수 없기 때문이다. 따라서 리더는 적어도 자신의 분야에서 전문가가 되어야 한다.

안철수는 "살아남기 위해서는 한 분야에 대해 한눈팔지 말고 꾸준히 노력하는 길밖에 없다."라고 말하며, 세상을 살아가기 위해서는 전문성을 갖도록 노력해야 한다고 강조하였다.

바이러스 의사로서 이미 전문가이던 안철수는, 바이러스 공부를 하면서는 바이러스 프로그램의 전문가가 되었다. 그러나 처음부터 쉽게 바이러스 전문가가 된 것은 아니었다. 안철수는 국내에서는 컴퓨터 바이러스와 관련된 자료를 찾을 수 없어서 영어책을 구해 보거나 컴퓨터 통신망을 활용하면서 배웠다. 국제전화로 외국의 통신망에 접속해 영어로 질문도 올리고 자료를 받아보기도 했다. 그런데 국제 전화 요금이 엄청나게 나왔다.

돈을 아끼려다 보니 컴퓨터 바이러스에 대한 지식을 기초부터 탄탄히 쌓는 수밖에 없었다. 그래서 그는 컴퓨터 바이러스를 모두 직접 분석했고 각종 프로그램 언어도 공부했다. 그렇게 하다 보니 모든 지식을 머릿속에 넣게 되었고, 나중에는 참고 서적을 한 권도 보지 않고도 컴퓨터 바이러스 관련 책을 쓸 정도로 전문가가 될 수 있었다. 결국, 안철수는 열심히 노력한 대가로 컴퓨터 바이러스 전문가가 될 수 있었던 것이다.

안철수는 처음 회사를 만들 때까지만 해도 경영에 대해서는 아무것도 몰랐다. 그래서 먼저 회사를 설립한 선배에게 이렇게 물었다.

"저는 사람들을 만나고 외부 활동을 하는 것보다 혼자 책을 읽고 글을 쓰거나 프로그램을 다루는 것을 더 좋아합니다. 회사를 만들어도 제가 좋아하는 일만 계속할 수 있을까요?"

그의 고민을 듣던 선배가 말했다.

"당연하지요. 사장 위에는 아무도 없잖습니까? 당연히 하고 싶은 일만 할 수 있습니다."

안철수는 선배의 대답을 듣고 CEO가 되어서도 자신이 하고 싶은 일을 할 수 있다는 생각에 회사 설립에 대한 결심을 굳혔다고 한다. 이처럼 안철수는 경영에는 무지한 상태로 사업을 시작하였다.

처음에는 한 기업의 CEO라기보다는 연구원에 가까웠지만, 회사를 성장시키기 위해서는 경영인으로서의 책임과 의무가 커졌다. 경영에 대한 책을 읽으면서 공부를 하기는 했지만 책에서 얻은 지식으로는 한계가 있었기에, 미국에 가서 경영학을 배워 와야겠다는 생각을 하게 되었다.

경영에 있어서도 전문가가 되기 위해 펜실베이니아대학에서 테크노 MBA 공부를 하였다. 여기에서 배운 여러 가지 경영학 지식들을 점차 회사의 경영에 적용해 가면서 체계적으로 경영할 수가 있었다.

안철수가 유학 중 의학 공부와 결별하고 경영학 공부를 한다고 하자 그의 직원이 이렇게 말했다.

"이제 사장님도 참 피곤하시게 됐네요."

의아해하는 안철수에게 그는 "사람들이 지금까지 사장님을 좋아했던 이유는 의사이지만 컴퓨터와 관련된 일을 했기 때문이었잖아요. 또 회사를 세우기는 했지만, 전문 경영자가 아니라 의사이기 때문에 실수해도 봐줄 수가 있었을 거예요. 그런데 이제부터는 그런

여지가 모두 없어지게 되었네요."

이 직원의 충고를 받고 안철수는 이제 '전문가가 아니면 안 되겠다' 라는 생각을 하게 되었고, 회사를 키우기 위해 전문 경영인으로서 더욱 매진하게 되었다.

전문가형 리더란 어떤 분야에서 고도의 지식과 기능을 가지고 구성원들을 지도하는 리더를 말한다. 역사 속에 전문가형 리더로는 뉴턴, 다윈, 아인슈타인, 베토벤, 셰익스피어 등과 같은 인물들이다. 이들은 자신의 분야에서 누구 못지않은 전문성을 가지고 왕성한 활동을 하였다.

안철수가 전문가형 리더로 인정받기 시작한 것은 바이러스 전문가가 되면서부터였다. 전문가가 되기 위해서는 자신의 분야에 대해서 누구보다 많은 지식을 가져야 한다. 전문가는 특별한 재능이 있어야만 되는 것은 아니다. 누구나 자신이 좋아하고 잘할 수 있는 일을 꾸준히 한다면 전문가가 될 수 있다.

전문가가 되면 사회로부터 인정을 받게 되고, 자연스레 따르는 사람들도 많아지게 된다.

원칙을 가져라

원칙을 가져라

　성공한 사람들의 특징을 보면, 그들은 원칙을 지키며 살았다. '원칙' 이란 살면서 일관되게 지켜야 하는 기본적인 규칙이나 법칙을 말한다.

　원칙에 대해 구체적으로 알아보면 원칙은 '무엇이 올바른 행위인가?', '나는 어떻게 행동하고 살아야 하나?', '나는 무엇을 위해 살 것인가?', '나는 어떻게 살아야 하는가?' 등을 말한다.

　원칙은 자신만의 가치관이나 인생관으로 자리 잡게 된다.

　원칙을 가지게 되면 쓸데없는 것에 휩쓸려 다니지 않고 중심을 잡고 살 수 있다.

　원칙이 없이 살아온 사람에게 원칙을 정하기란 어려운 일처럼 느껴진다. 그러나 원하는 꿈을 이루기 위해서는 나름대로 원칙이 있어야 한다. 안철수는 원칙을 지키는 사람으로 유명하다.

01 원칙주의자 안철수

안철수는 원칙주의자로, 모든 일을 할 때 항상 자신이 가진 원칙을 지키기 위해서 노력하였다. 안철수에게 있어서 원칙은 자신의 인생을 살면서 일관되게 지켜야 하는 '법'과 같은 것이었기 때문이다.

안철수는 자신이 세운 원칙에 의해서 선택하고 행동하였다. 그래서 세상의 유혹을 뿌리치고 자신만의 길을 묵묵히 갈 수 있었고, 최고가 될 수 있었던 것이다.

안철수는 살면서 크게 두 가지의 원칙을 가지고 살았다. 하나는 삶에 대한 원칙이고, 다른 하나는 인간관계에서의 원칙이다.

《CEO 안철수, 지금 우리에게 필요한 것은》에서 안철수는 자신의 '삶의 원칙을' 이렇게 소개하고 있다.

안철수 자신이 지키고자 한 삶의 원칙은 다음과 같다.

나는 매순간 최선을 다하고, 끊임없이 변화하며 발전하기 위해서 노력한다.

나는 목표를 세우고 스스로 채찍질한다.

나는 결과도 중요하지만 과정을 더 중요하게 생각한다.

나는 스스로 다른 사람과 비교하지 않으며, 외부 평가에 연연하지 않는다.

나는 항상 자신이 모자란다고 생각하며, 조그만 성공에 만족하지 않으며 방심을 경계한다.

나는 기본을 중요하게 생각한다.

나는 천 마디 말보다 하나의 행동이 더 값지다고 생각한다.

안철수는 인간관계에서도 지키고자 하는 원칙을 가지고 있다.

나는 나이와 성별, 학벌 등으로 차별을 두지 않는다. 중요한 것은 능력이다.

나는 다른 사람의 의견을 존중하고, 각자의 다양성을 인정한다.

나는 '너는 누구보다 못하다' 는 식으로 다른 사람끼리 비교하지 않는다.

나는 다른 사람을 나 자신의 이익을 위해서 이용하지 않는다.

나는 내 스타일을 다른 사람에게 강요하지 않는다.

안철수는 이처럼 원칙을 세우고 실천하였다. 이처럼 항상 원칙을 지키는 안철수에 대해서 국민들은 신선한 충격을 받았고, 무엇을 해도 믿을 수 있다는 생각을 갖게 만들었다.

TIP

원칙이 없으면 모든 일을 결정하는데 흔들리게 된다. 그러나 안철수처럼 정확한 목표를 정하게 되면 어떠한 선택을 하더라도 흔들림이 없이 원칙대로 살게 된다. 원칙대로 살면 유혹에 빠져서 시간을 낭비하거나 나쁜 일을 하지 않게 되어 고민이 없어진다.

원칙을 만드는 것은 힘이 들지만, 나름대로 자신에게 맞는 원칙을 세워 원칙대로 살면 세상살이가 쉬워진다. 아무 고민 없이 오직 원칙대로만 살면 되기 때문이다. 그래서 안철수는 우리에게 원칙을 갖고 살기를 바란다.

누구나 인생을 사는데 나름대로의 원칙을 세워서 지키려고 한다면, 분명히 원하는 목표에 도달할 수 있다. 중요한 것은 어떠한 원칙을 세웠는지, 어떻게 하면 지킬 수 있을지 고민하고 노력하는 것이다.

02 원칙을 정하려면
먼저 자신을 알아야 한다

안철수는 원칙을 세우기 위해서는 먼저 자신을 정확히 아는 것이 필요하다고 하였다. 그리고 자신의 수준에 맞는 원칙을 세워야 오래 지킬 수 있다고 하였다. 자기를 잘 모르는 상태에서는 원칙을 세우기도 힘들고, 원칙을 세워도 맞지 않는 옷처럼 어색하기만 하다. 따라서 원칙을 세우기 위해서는 자기 자신을 정확히 아는 것이 필요하지만, 사람들은 보통 자신을 잘 모르는 경우가 많다.

자신을 정확히 알기 위해서는 자신의 자아 정체성을 파악해야 한다. 자아 정체성은 자기의 성격, 취향, 가치관, 능력, 관심, 인간관, 세계관, 미래관 등에 대해 지속적으로 알고 있는 상태를 말한다. 한마디로 말해서 자아 정체성은 내가 누구인지를 깨닫고 내가 무엇을 좋아하는지, 싫어하는지에 대한 판단을 오랫동안 유지하는 것이다.

자신과 관련된 외부 상황에 대한 이해와 판단을 정확히 할수록, 자신의 참 모습을 정확히 알 수 있게 된다. 하지만 외부 상황에 대한 이해와 판단이 부족할수록, 자신의 참 모습을 잘 알지 못하며, 올바른 원칙을 정하지 못하게 된다.

자신을 정확히 알았다면 다음에는 자신에게 맞는 원칙을 세워야 한다.

안철수는 원칙을 정하는 것에 대해 이렇게 이야기한다.

"원칙을 정하는 것이 엄청나게 큰일이라고 생각할 필요는 없다. 자신이 지금까지 살아온 삶을 되돌아보고 그 삶 속에서, 자신이 어떤 행동을 일관되게 해왔는지 찾아보면 된다. 일관성을 찾으면 그것이 바로 자기 삶의 원칙이 되는 것이다. 중요한 것은 그 일관성을 지켜야 하는 것이다."

자신에게 맞는 원칙이란 자신이 충분히 지킬 수 있고, 실천할 수 있는 원칙을 말한다. 남들이 정한 원칙이나 지키지 못할 원칙을 세우는 것은, 결국 원칙을 세우지 않은 것과 다를 바가 없다.

안철수는 원칙을 세울 때, 처음부터 완벽한 원칙을 세워야 한다고 생각할 필요는 없다고 한다. 우선 원칙을 세워서 실천해 가는 과정에서 자신이 지킬 수 있는 것은 지키고, 지키지 못할 것들은 수정하면 된다고 하였다.

안철수는 "원칙 없이 살게 되면 살아가는 동안 흔들리고 우왕좌왕하다가 좌절하는 경우가 생길 수 있다. 그러나 원칙을 가지고 살면 힘들 수는 있지만 적어도 불행하지는 않다."라고 한다. 그래서 우리에게 원칙을 가지고 살라고 당부한다.

내가 나의 인생을 주도하기 위해서 작은 원칙부터 세우고 실천해 보자. 다만, 원칙을 정할 때는 자신을 정확히 돌아보고, 자신에 맞는 원칙을 세워야 한다. 원칙은 대단한 것이 아니라 내가 생활 속에서 지킬 수 있는 것을 원칙으로 정해서 일관되게 지키는 것이 중요하다.

03 도덕성을 회사 원칙으로 하다

성공한 기업 중 도덕성을 강조하지 않는 회사는 거의 없다. CEO
가 되어 음주 운전이나 마약, 탈세 등으로 도덕성이 훼손되면 더는
그 자리를 지키기가 어렵다. CEO가 도덕성에 문제가 생기면 사람
들은 CEO가 경영하는 회사마저 외면하는 경우도 많다.

건전한 기업가 1위, 호감 가는 기업인 1위, 우리 시대 신뢰받는
경영인 1위 등의 조사 결과에서 보듯 안철수는 안철수연구소를 도
덕적으로 깨끗한 이미지로 지켜 왔다.

《세상에서 가장 안전한 이름 안철수연구소》에 보면, 회사 원칙으
로 도덕성을 중요시하는 안철수와 관련된 일화가 있다.

안철수연구소가 어려울 때 영업사원으로 입사한 직원이 있었다.
그는 어려운 회사의 경영에 조금이라도 도움이 되고자 나름대로 세

금을 줄일 수 있는 방법을 생각하였다. 마침내 좋은 생각이 있어 안철수를 찾아가 말했다.

"사장님 제게 세금을 줄일 수 있는 방법이 있습니다."

직원은 경제적으로 어려움을 겪고 있는 회사에 도움이 된다고 생각하여 자신 있게 말했다.

당시 안철수연구소는 백신을 유료 모델로 전환하려고 준비하던 중이었는데, 그것이 성공할지도 불투명한 상황이었다. 그리고 유학을 마친 안철수가 급성간염으로 3개월 넘게 입원했던 때라 사정이 어렵기도 했다.

그러나 안철수는 단호하게 말했다.

"원칙대로 세금을 내야 합니다. 번 만큼 세금을 내야지요."

직원은 쥐구멍이라도 들어가고 싶었다. 그러나 한편으로는 회사 운영에 있어 도덕성을 갖고 있는 안철수가 더욱 존경스러웠다. 그뿐만 아니라 이렇게 투명하고 명확한 원칙을 갖고 있는 회사가 좋아졌다. 직원은 나중에 당시를 회고하면서 말했다.

"당시에 안철수 대표의 도덕적인 회사 운영 때문에 이런 회사를 정년까지 다니고 싶다는 마음이 들었다. 그뿐만 아니라 가능하면 내 자식을 잘 키워서 함께 근무하고 싶다고 생각했다. 만약에 퇴직하면 주차장 수위라도 하면 좋겠다고 생각했다."

안철수의 도덕성을 강조한 원칙은 직원들에게 귀감이 되었고, 안철수연구소를 깨끗한 이미지를 가진 회사로 성장시켰다.

안철수의 도덕성을 원칙으로 하는 또 다른 일화가 있다.

안철수연구소에는 그의 친척이 한 명도 없기로 유명하다. 보통 CEO의 자리에 있다 보면 본의 아니게 인사 청탁을 많이 받게 된다. 그러나 그는 친척, 친구는 물론 높은 관료 출신이 인사 청탁을 해와도 소신껏 거절했다.

광고회사를 하는 친구로부터 회사 광고를 자기네 회사에서 하게 해달라고 청탁을 받아도 거절했다. 그렇게 하는 것이 장기적으로 회사는 물론 그 친구에게도 도움이 되는 일이라고 생각했기 때문이다.

많은 사람들이 안철수를 '도덕적 인간'이라 한다. 이에 대해 그는 "자신은 명예를 얻으려는 사람도 아니고, 주위에서 뭐라고 하든 자신이 판단할 때 옳은 일을 꾸준히 했다."라고 말할 뿐이다.

안철수는 벤처기업 중 처음으로 CEO와 별도로 이사회를 두고 투명한 경영을 했다. 이것은 깨끗한 기업을 만들고자 하는 그의 사명감과 원칙 때문이었다. 이러한 안철수의 도덕성에 기준한 경영은 안철수연구소를 투명한 기업, 윤리 경영을 하는 기업으로 굳게 자리매김시켜 7년 연속 존경받는 기업으로 성정되는 바탕이 되었다. 그는 기업 경영에서 도덕성을 원칙으로 하는 것은 너무 당연하고 상식적이라고 생각한다.

기업을 깨끗하게 운영하려면 쉽게 타협하지 않는 자신만의 도덕적 원칙과 신념을 가져야 한다. 도덕적 원칙을 가지면 옳고 그름을 결정할 때, 올바른 길을 안내해 주는 기준이 되기 때문이다.

04 원칙은 선택의 필수 조건

우리는 살아가면서 무수히 많은 선택의 순간과 마주치게 된다. 이럴 때마다 필요한 것이 바로 '원칙'이다. 원칙을 가지고 있으면 선택을 함에 있어서 우선 상황을 분석하고 가장 올바른 길로 선택하게 한다. 원칙은 선택하는 데 있어서 마치 나침반과 같은 역할을 한다.

안철수는 중요한 선택을 할 때마다, 돈이나 명예는 제외하고 가장 중요한 것을 선택한다는 원칙을 가지고 있다.

안철수는 선택을 올바르게 하기 위해서는 세 가지 원칙이 필요하다고 말한다.

첫째는 중요한 선택을 할 때 과거는 잊어야 된다는 것이다.

사람은 오래 살수록 살면서 자신만의 고정 관념을 갖게 되는데,

이러한 고정 관념은 올바른 선택을 못 하게 할 수 있다. 고정 관념을 가지다 보면 무엇이든 자신이 아는 범위 안에서만 결정하려고 하게 된다. 그러면 좋은 선택을 못 하게 되는 것이다.

둘째는 주위의 평판에 너무 연연하면 안 된다는 것이다.

사람들은 대부분 남들의 시선을 너무 인식하다 보니 자신의 선택을 바르게 하지 못하는 경우가 많다. 안철수 자신도 과학자가 되고 싶었지만 부모님의 권유에 의해서 의과대학으로 진학하게 되어 방황했던 경험을 가지고 있었다. 그래서 그는 자신이 하고 싶은 일이었던 백신을 만들기 위해서 의사라는 안정된 직업을 버리고 안철수 연구소를 설립하는 선택을 하였다.

셋째는 결과만 놓고 미리 욕심내면 안 된다는 것이다.

CEO가 되어 사업이 성공하게 되면 모든 것은 자기가 잘해서 성공한 것으로 생각해서 모든 결과를 자기 것으로 생각한다. 그러나 사업이 성공하기 위해서는 나의 노력만이 아니라 직원들의 노력과 당시의 상황도 중요했던 것이다. 따라서 결과만 가지고 내가 잘해서 성공했다고만 하지 말고, 성공하게 된 원인을 찾아서 같이 결과를 나누어야 한다.

TIP

　안철수는 어떤 선택을 할 때마다 고민해서 얻은 이 세 가지 원칙을 기준으로 선택하였다. 세 가지 원칙을 가지고 판단하면 복잡했던 것이 단순하게 본질만 남아 선택하기가 쉬웠다. 안철수에게 남은 본질이란 '나한테도 의미가 있고, 내가 재미를 느끼고 지속할 수 있는 일이고, 내가 정말로 잘할 수 있는 일'이었다.

　리더가 되기 위해서는 올바른 선택을 할 줄 알아야 한다. 올바른 판단을 했을 때 직원들은 믿고 따라오며 존경하지만, 잘못된 선택을 하게 되면 직원들이 신뢰하지 않으며 따라오지도 않게 된다. 따라서 올바른 선택을 하기 위해서는 안철수처럼 자신을 파악하고 자신만의 원칙을 세우는 것이 좋다.

05 힘들수록 원칙을 지켜야 한다

　인생을 살다 보면 누구나 어려운 시기를 겪게 마련이다. 꽃 같이 좋은 날만 있으면 좋겠지만, 인생은 짧지 않기에 좋은 때만 누리고 살기란 쉽지 않다. 어려운 시기는 언제 다가올지 모르지만, 누구에게나 올 수 있다. 이 시기를 어떻게 보내느냐에 따라 그 시기가 실패의 시기로 남기도 하고, 더 높이 날기 위해 단지 날개를 잠깐 움츠리고 있던 시기가 되기도 한다.

　그런데 어려운 시기는 어떻게 보내야 하는 것일까? 그냥 지나가기만 기다리거나 참고 견디기만 하면 되는 것일까? 그렇게 지내는 것은 날개를 움츠리고만 있는 것일 뿐이다. 비록 지금 날개를 움츠리고 있더라도, 더 큰 날갯짓을 하기 위한 힘을 비축해 두어야 한다. 그래야 그 시기를 보내고 나면 더 높이 날아오를 수 있다.

안철수도 "개인의 인생이나 조직에서 중요한 점은, 좋은 시기에 얼마나 더 잘되느냐가 아니라, 어려운 시기를 얼마나 잘 보내느냐에 달려 있다."라고 했다.

안철수는 그의 저서에서 '어려운 시기에 꼭 해야 할 일'에 대해 다음과 같이 이야기하고 있다.

첫째는 어려운 시기에는 서로가 서로를 격려하는 마음이 필요하다.

어려운 시기를 오랫동안 겪다 보면 누구나 사기가 저하되기 마련인데, 이럴 때는 스스로 마음뿐만 아니라 서로를 격려해 주어야 한다. 그래야 희망을 가지고 열심히 노력할 수 있다.

어려운 시기에 나의 마음뿐 아니라, 다른 사람의 마음까지 헤아리며 함께 간다면 쉽게 좌절하여 혼자만의 수렁에 빠지는 일은 없을 것이다.

둘째는 유혹에 빠지지 말아야 한다.

어려운 시기가 지속되면 누구나 정당하지 못한 수단을 써서라도 고통에서 벗어나고 싶어지게 마련이다. 그런데 정당하지 못한 방법을 사용하면 단기적으로 쉽게 문제가 해결되는 것처럼 보이지만, 결국 더 큰 어려움을 불러오게 된다. 정당하지 못했던 방법이 주위에 알려져 어려움을 겪을 수 있고, 그렇지 않더라도 어려운 시기를 딛고 일어날 근본적인 대책은 못되기 때문이다.

셋째는 문제점을 파악하고 고쳐야 한다.

잘되는 시기에는 문제점이 잘 보이지 않고, 보여도 바빠서 고칠 여유가 없다. 그러니 어려운 시기야말로 그동안 손대지 못했던 문제점을 파악하고 이를 바로잡을 수 있는 절호의 기회이며, 어려운 시기에 문제점을 고쳐 놓아야 좋은 시기를 맞았을 때 더 큰 발전을 할 수 있다.

자의든 타의든 어려운 시기가 왔던 이유는 있다. 그 이유에 대해 분석을 하고 대책을 세워 두면, 인생에 그보다 더 값진 기회와 교훈은 없을 것이다. '소 잃고 외양간 고치기' 라는 속담은 어떤 일이 일어나기 전에 미리 대비해야 한다는 것이다. 그런데 앞으로 소를 계속 키울 것이라면 소를 잃고 나서라도 외양간을 고쳐 두어야 한다. 더 튼튼하게 외양간을 지어 놓는 것, 그것이야말로 어려운 시기에 내가 얻을 수 있는 가장 큰 수확이다.

CIH 바이러스 대란이 일어나 대한민국이 한바탕 바이러스 충격에 빠진 사건을 계기로 안철수연구소는 몇 가지 큰 교훈을 얻었다. 전화 폭주에 대한 대비가 부족했다는 점과, 좀 더 빠르게 대응할 수 있는 시스템을 갖출 필요성을 느낀 것이다. 이후 응급 대응팀을 만들고 신종 바이러스가 갑자기 확산될 때 휴대전화 문자 서비스 등으로 포괄적인 대응 시스템을 갖추게 되었다.

어려운 시기가 왔더라도 탄식만 하지 말고, 지나가기만을 기다리지 말고, 이 시기를 잘 보내고 극복하기 위한 방법과 흔들리지 않는 원칙을 세워 두는 것이 더 큰 비전을 향해 나가기 위한 전략이며 지혜이다.

06 원칙은 손해를 감수하면서 지킬 때 더욱 가치가 있다

　원칙이 있어도 지키지 못하는 이유는, 내가 손해를 보는 것 같은 느낌이 들거나 다른 사람의 평가에 연연하게 될 때이다. 그래서 평범한 상황에서는 비교적 원칙을 지키기가 쉽지만, 어려운 상황이나 내가 손해 볼 수 있는 상황 앞에서는 내가 정한 원칙이라 하더라도 흔들리기 쉽다. 안철수는 "원칙은 손해를 담보할 때 가치 있다."라고 한다.

　안철수는 자신이 가진 원칙의 관점을 다음과 같이 말했다.

　"앞으로도 나는 원칙을 지키기 위해 어떤 손해를 보게 될지 모른다. 하지만 나의 판단 기준과 선택은 크게 달라지지 않을 것이다. 원칙이라는 것은 매사가 순조롭고 편안할 때에는 누구나 지킬 수 있다. 그런데 원칙을 원칙으로 만드는 힘은 어려운 상황, 손해를 볼 것이

뻔한 상황에서도 그것을 지키는 것에서 생겨난다. 상황이 어렵다고, 나만 바보가 되는 것 같다고 한두 번 자신의 원칙에서 벗어난다면 그것은 진정한 원칙이 아니며, 어떤 문제에 봉착했을 때 그것을 해결하고 돌파해 나가는 현명한 태도도 아니라고 생각한다. 스티븐 코비 박사의 말대로 원칙은 수시로 변경 가능한 지도가 아니라, 어떤 상황에서든 항상 정북을 가리키는 나침반이어야 하는 것이다."

안철수는 손해를 감수하면서도 원칙을 지켰고, 이런 점들이 그를 신뢰하게 하고 높이 평가하는 이유가 되고 있다.

1997년 회사 창립 2년째, 사업이 뭔지 모르고 일만 보고 시작한 때문인지 안철수는 4년 동안 자금난에 시달리고 있었다. 월급을 주고 나서 월초가 되면 25일 다시 월급을 줄 자신이 없었다. 자신은 월급도 받지 않고 직원들 월급을 주었지만, 그러고 나면 또 월급날이 돌아왔다. 두세 달 월급 줄 돈이라도 가지고 있어서 한 달 만이라도 월급 걱정을 안 해봤으면 좋겠다는 것이 그 당시 그의 소원이었을 정도였다.

그러던 어느 날, 그 당시 세계에서 가장 큰 백신 소프트웨어 회사 M사로부터 뜻밖의 초청을 받았다. '혹시 제품을 팔 수 있지 않을까?' 라는 막연한 기대감도 있었지만, '꿍꿍이가 뭐지?' 라는 의혹도

가졌다. 당시 글로벌 백신 업체들은 일본의 토종 업체를 인수해 경쟁자를 없애거나 일본 시장을 선점하기 위한 영업 채널로 활용했기 때문이다.

미국 M사에서는 회장이 직접 안철수를 맞았다. 그는 속내를 드러내며 안철수에게 말했다.

"동양에서도 요트는 부를 상징한다지요? 맞습니까? 우리에게 지분을 판 J사 사장은 요즘 요트 타는 재미에 푹 빠져 있더군요."

그러면서 그는 안철수에게 제안했다.

"서버용 백신 만드는 것이 쉬운 일은 아니지요. 그래서야 어느 세월에 요트 한 번 제대로 타보겠습니까. V3를 파시죠. 인수하는 조건으로 1,000만 달러를 지불하겠습니다."

그러나 안철수는 1,000만 달러(약 100억 원)라는 제안에도 표정의 변화도 없이 단호하게 말했다.

"NO."

매달 직원들 월급 걱정을 할 정도로 당장 돈이 필요했지만, 그가 단호하게 거절할 수 있었던 데는 돈보다 더 중요한 그만의 원칙이 있었기 때문이다. V3를 팔면 1,000만 달러가 넘는 돈을 벌 수 있을지 모르지만 직원들은 자연스럽게 정리해고 당하게 되고, V3는 없어질 것이 불 보듯 뻔한 일이었기 때문이었다. 그 결정으로 인해 그는 한국에 돌아온 다음에도 여전히 직원들 월급 걱정으로 매일매일을 보내야 했다. 그러나 눈앞의 돈에 흔들리지 않은 그의 결정은 대한민국 백신 시장을 구하고 회사의 영혼을 지킨 가치 있는 결정이었다.

거액을 물리친 것이 당장 손해를 본 것같이 생각될지도 모르지만, 그것은 단기적인 손해일 뿐이었다. 안철수가 자신만의 원칙으로 유혹을 물리치고 얻은 가치는 '영혼'이라는 장기적인 것이었다.

2000년 닷컴 열풍*이 불면서 닷컴 기업에 투자하면 많은 돈을

---

* 닷컴 열풍 : 2000년 코스닥에서는 인터넷과 기술 기업의 느낌이 드는 '닷컴'이나 '테크'라는 단어가 들어간 주식들이 급등했다. 그러나 거품이 빠지고 닷컴 열풍이 식으면서 주식이 헐값에 팔려 투자자들은 큰 손실을 입기도 했다.

벌 수 있는 분위기였다. 이때 주위에서 안철수에게 닷컴 기업에 투자하면 큰돈을 벌 수 있다고 유혹했다. 그러나 그는 "핵심 역량과 관계되는 분야가 아니면 투자하지 않는다."라는 원칙을 지켰다. 또 당시에 주식 투자자를 유치하거나 주식시장에 공개하라고 권유한 사람도 있었고, 지분을 비싼 값으로 살 테니 팔라고 하는 사람들도 있었다. 그렇지만 그는 당시 벤처기업의 평가에는 거품이 끼어 있다는 것을 알고 있었기 때문에 투자를 받지도 않고, 주식을 팔지도 않았다. 회사로 많은 돈을 끌어들이는 것은 회사의 핵심 역량에 의해 영업 이익이 생기는 것이 아니라 투자 자금만 끌어모으는 것이므로, 장기적인 관점에서 보면 회사에 오히려 나쁜 영향을 미친다고 생각했던 것이다.

안철수는 회사 주식도 더 많은 돈을 벌 수 있었던 주식 호황기가 아니라, 거품이 빠지고 정당한 가치를 평가받을 수 있는 시기에 상장했다. 미래 가치에 대한 시장의 지나친 평가는 결국 투자자들에게 손해를 가져올 수 있기 때문이라고 생각했기 때문이다. 안철수연구소가 주식시장에 공개된 것은 9·11 테러* 직후인 2001년 9월 13일이

---

* 9·11 테러 : 2001년 9월 11일, 항공기 납치 동시 다발 자살 테러로 오전 8시 45분부터 오전 10시 30분 사이에 뉴욕 세계무역센터 건물이 붕괴된 사건이다. 이로 인해 미국 뉴욕의 110층 세계무역센터 쌍둥이 빌딩이 무너지고, 워싱턴 D.C의 국방부 펜타곤이 공격을 받았다. 이 대참사로 세계인들과 세계 증시는 한동안 충격에 빠지게 되었다.

었다. 9·11 테러라는 대형 악재로 투자 심리가 얼어붙어 주식시장은 연일 큰 폭으로 폭락했지만, 원칙을 지킨 안철수연구소의 주가는 연일 상승해 코스닥시장 1위에 등극하는 이변이 발생하기도 했다.

당장의 이익보다는 손해를 감수하면서도 100년 이상 살아남는 기업으로 키우려는 그의 한결같은 원칙은 지금까지도 가치 있는 일로, 사람들의 신뢰와 존경의 이름으로 오르내리고 있다.

TIP

한 채용 회사 자기소개서에 "정해진 규칙이나 원칙을 지키기 어려운 상황이었지만 개인의 손해를 감수하면서 원칙을 준수했던 경험 사례"를 쓰라는 항목이 있다.

눈앞의 손해를 감수하고 큰 원칙을 지키는 것은 언뜻 바보처럼 보이기도 하지만, 그런 원칙을 지켜나가는 것만으로도 평범하지 않은 가치 있는 인생을 살 수 있다. 내가 겪은 경험 중에 위의 자기소개서 항목에 답변으로 쓸 사례가 있는지 찾아보고 작성해 보자.

07 시간 관리에도 원칙이 있다

혹시 시간이 없어서 해야 할 일을 못 하고 지나간 채 살고 있지 않은가? 그렇다면 잘 생각해 보자. 시간이란 것이 없었던 적이 있었는지……. 시간이 없는 세계가 존재하는 것인지……. 시간은 우리 모두에게 같은 양만큼 항상 있었다. 그러니 시간이 없다는 것은 말이 안 되며, 중요한 것은 무엇을 할 시간을 내가 내느냐 안 내느냐의 문제인 것이다.

우리에게 앞으로 다가올 시간은 크게 두 종류로 나눌 수 있다. 하나는 먹고 자고 등 기본적인 생활을 유지하는 시간이고, 다른 하나는 미래를 위한 투자 시간이다. 먹고 자는 시간이야 사람마다 큰 차이는 없지만 투자 시간은 다르다. 이 시간은 자신의 발전과 미래를 위해 투자할 수도 있지만, 준비하지 않으면 그냥 흘려보내기 십상이다. 따라서 나만의 시간에 대한 원칙을 가지고 지키려고 노력해야만 시간이 주는 가치를 누릴 수 있다.

안철수는 "젊었을 때의 하루하루는 나중에는 결코 얻지 못할 소중한 시간들이다. 나에게 주어진 소중한 시간을 어떻게 쓸 것인가 고민하면서 살아간다면 좀 더 가치 있고 후회 없는 삶을 살아갈 수 있을 것"이라며 시간의 의미를 강조했다.

안철수는 치열하게 살아왔다. 어쩌면 시간이 없을 법도 하지만 그는 자신에게 주어진 눈에 보이는 시간 외에도 보이지 않는 시간까지 찾아내어 활용해 왔다. 그에게는 몇 가지 시간을 관리하는 원칙이 있었다.

안철수는 "시간은 만들면 만들어진다. 다만, 자신의 신념과 의지에 따라 달라진다."라고 하였다.

안철수가 처음 백신 프로그램을 만들고 나니 계속 발견되는 신종 바이러스에 대한 해결 요청들이 모두 그에게 들어 왔다. 의사로서도 바쁜 생활이었지만 바이러스를 해결하려면 백신 프로그램을 만들 시간도 필요했다. 그래서 그는 새벽 3시에 일어나서 6시까지 바이러스 백신 개발에 투자했다. 이런 생활은 7년간 지속되었다. 그가 바쁜 자신의 스케줄 속에 낼 수 있었던 유일한 시간은 남들이 모두 잠든 새벽의 3시간이었다. 그가 포기한 7,600여 수면 시간은 바이러스로부터 피해를 막는 의미 있고 생산적인 일에 재투자된 것이다.

또 그는 "과거가 아니라 미래를 향하는 시간이 중요하다."라고 말한다.

안철수는 청년인지 아닌지를 판단하는 방법은 '과거에 집착하느냐, 미래를 바라보느냐'를 보면 알 수 있다고 하였다. 청년이란 미래를 바라보는 사람이다. 나이가 아니라 50대가 되어도 미래를 바라보고 살면 청년이라고 한다. 또 과거에 대한 집착은 아무리 큰 성공일지라도 버려야 한다. 그래야만 미래를 위한 시간을 충분히 고민하고, 만들 수 있다.

주위에서 보면 과거의 일에 유난히 집착하는 사람들을 흔히 보게 된다. 그런데 과거로만 가는 사람 중 성공한 사람은 거의 없다. 실패든 성공이든 이를 통해 얻은 가치들을 미래를 향한 계획에 반영하면 되는 것이다.

안철수는 '시간은 꼭 지킨다'는 원칙을 지키고 있다. 그는 시간 지키기는 가장 쉽게 실천할 수 있는 배려이자 가장 효과가 큰 배려라고 한다. 예를 들어 여러 사람이 함께 모여야 하는 약속이 있을 때, 만약 누가 5분 지각했다면, 다른 사람들은 5분씩 기다려야만 한다. 10명이 모인 자리라면, 낭비한 시간은 5분이 아니라 50분의 시간인 것이다. 그러므로 시간을 지키는 것도 중요하지만, 약속시간을 정할 때부터 모두가 잘 지킬 수 있는 시간을 정하는 것도 중요하다는 것이 안철수의 생각이다.

안철수는 원칙을 지켜나가는 삶과 시간과의 관계를 이렇게 이야기 한다.

"시간은 원칙을 가지고 올바르게 살아가는 사람들에게는 가장 친한 친구이자 든든한 지원자이다. 그러나 위선적인 사람들에게는 가장 큰 적이 된다. 시간이 지나면 결국 그 사람이 더는 참지 못하거나 왜곡된 사실이 드러나면서 숨겨진 의도가 밝혀지기 때문이다. 시간을 내 편으로 만들어 살아가는 사람은 힘이 들어도 소신 있게 살아나갈 수 있을 것이다."

TIP
시간이 없다고 불평하면서 마치 시간이 무한정 있는 것처럼 행동하지 말고, 시간에 끌려다니지 않으려면 나만의 시간 관리 원칙이 필요하다. 시간 관리의 가장 기본 원칙은 우선순위를 정하는 것이다.

내가 활용하고 있는 시간을 시간 관리의 원칙 ABCD로 분류해보자.

A – 중요하면서 급한 일(시험, 숙제)

B – 중요하지만 급하지 않은 일(예습, 복습, 독서, 진로 탐색)

C – 중요하지는 않지만 급한 일(전화, 문자, 친구의 방문)

D – 중요하지도 않고 급하지도 않은 일(무의미한 수다, TV 시청, 게임)

성공하는 사람이나 평범한 사람이나 A와 D 항목에는 큰 차이가 없다. 통계를 보면, 성공이냐 실패냐를 가르는 시간은 B와 C를 어떻게 썼느냐에 따라 달라졌다. 성공한 사람들은 중요하지만 급하지 않은 일을 대부분 처리하고 살고 있었고, 보통 사람들은 중요하지는 않지만 급한 일부터 처리하고 있었던 것이다. 그러다 보니 정작 중요한 일들이 급한 일에 밀려 처리하지 못하고 넘어가게 된다.

시간에 효율적인 투자를 원한다면 나에게 중요하지만 급하지 않은 일이 어떤 것이 있는지 찾아보고 투자하는 비중을 점차 늘려나가야 한다.

08 인재 선발에도 원칙이 있다

최근 기업에서는 우수 인재 확보를 위하여 노력하고 있다. 리더의 자질 중에 중요한 것이 바로 인재를 구별할 줄 아는 능력이다. 인재를 얼마나 잘 선발하느냐에 따라 자신의 조직이 성장하느냐 망하느냐를 결정하기 때문이다. 안철수는 인재를 선발할 때도 남다른 원칙을 가지고 있다.

안철수는 직원들을 뽑을 때 독특한 원칙을 가지고 선발한다.

안철수는 사람을 뽑을 때 '나는 틀릴 수 있다'고 말할 수 있는 사람인지 아닌지를 중요한 판단 기준으로 둔다. 내가 틀릴 수도 있다고 말하는 사람은 오히려 자신감이 있는 사람이다. 그런 사람은 자신의 생각이 늘 맞지 않다는 것을 알기 때문에 자신의 생각이 정말 맞는 것인가를 늘 고민하고 남들은 어떻게 생각하는지도 관심을 가진다. 또 자신이 틀렸을 때는, 그 이유가 무엇인지 생각해 보기도 한다. 이런 사람은 독단적이지 않고 다른 사람과 의견 합의도 잘 이루어 낸다. 자신만이 옳다고 주장하면 사람들끼리 갈등도 생기고 함께 추진하는 일도 실패할 확률이 높아지게 된다. 따라서 아무리 똑똑하더라도 자기만 옳다고 생각하는 사람은 사회를 위해서 자신의 재능을 이롭게 쓸 수 없는 것이다.

안철수는 이러한 원칙으로 회사에서 사람을 뽑을 때 A자형 인재를 뽑으려고 하였다. 세계 최고의 IT 회사인 애플에서도 A형 인재를 선발 기준으로 삼았다.

A형 인재는 A자를 사람 인∧자와 그 사이의 선(−)으로 구성되어 있는 글자로 보았다. 결국 A형 인재는 자신의 분야뿐만 아니라 다른 분야의 전문가들이 연결되어(−) 하나의 팀으로 협력할 수 있는 인재를 말한다.

예전의 전문가는 혼자서 하나의 일을 맡아서 처음부터 끝까지 완벽하게 처리할 수가 있었다. 따라서 전문성이 있으면 다른 사람과 의사소통을 할 필요가 없었다. 그러나 지금은 한 사람의 전문가가 모든 일을 다할 수 없고, 오히려 한 가지 일을 하기 위해 다양한 분야의 전문가들이 모여서 함께 만들어 가야 한다. 즉 한 분야의 전문 지식은 필수이고, 다른 분야 사람을 이해할 수 있는 포용력과 소통

능력을 가져야 한다. 따라서 인재가
되기 위해서는 자기가 가진 생각을
잘 전달하고 이해시킬 수 있는 능력
이 있어야 한다고 보았다.

또 다르게 해석하면 A자를 삼각
형(△)으로 보고 바람직한 인재가
되기 위해서는 전문성, 인성, 팀워크 능력의 삼각 구도로 균형을 이
루어야만 바람직한 인재가 될 수 있다는 뜻이다.

전문성, 인성, 팀워크에서 필요한 자질은 또다시 다섯 가지 세부
요소로 분류된다.

○ 전문성

• 지식 – 한 분야에서의 전문 지식과 경험, 다른 분야에 대한 상
  식과 포용력

• 끊임없이 공부하는 자세 – 끊임없는 자기 계발 노력

• 문제 해결 및 개선 능력

• 창조력 – 업무를 수행하면서 새로운 가치와 아이디어를 창출
  해 내고, 다른 사람이 보기 힘든 측면까지 볼 줄 아는 안목을
  가지고 새로운 영역을 개척할 수 있는 능력

- 고객 지향성 – 문제에 대한 답을 스스로 판단하지 않고 고객
  으로부터 구하는 태도

○ 인성
- 매 순간 최선을 다해 노력하는 자세
- 자신의 한계를 뛰어넘으려는 도전 정신
- 긍정적인 사고방식 – 잘못된 원인을 남에게 돌리지 않고 자신
  에게서 찾으려는 사고방식
- 소속된 조직의 핵심 가치를 존중하고 따르는 마음가짐
- 함께 살아가는 우리 사회에 기여하겠다는 사명감과 공익 정신

○ 팀워크 능력
- '나도 틀릴 수 있다' 는 열린 생각
- 타인에 대한 존중과 배려의 마음
- 커뮤니케이션 능력 – 자신의 의사를 정확하게 표현할 뿐만 아
  니라, 상대방의 의도도 정확하게 이해하는 능력
- 후배 양성 능력 – 업무에서 알게 된 암묵적 지식을 구체화해
  서 다른 사람들에게 잘 전달하는 능력

• 리더십 – 솔선수범과 신뢰 관계를 통해서 조직에 활력을 불어넣어주고, 자신뿐만 아니라 동료들에게도 끊임없이 동기 부여를 할 수 있는 능력

안철수연구소의 인재 선발 원칙은 자기 분야에서는 전문성을 가지고, 개인적으로는 인성이 좋아야 하며, 조직에서는 팀워크를 중요시할 수 있는, 세 가지 특징을 고루 갖춘 인재를 선발하는 것이다.

실제로 안철수연구소에 근무하는 직원들의 특징을 보면 소통 능력이 좋고, 남들과 친화력이 뛰어나다. 회사에서 인성과 품성을 많이 고려해서 뽑기 때문이다. 안철수연구소에서 원하는 인재가 되기 위해서는 학교나 교과서에서 배운 지식만을 갖추는 것이 아니라, 실제 현장에서 많은 경험을 해보고 평소 자기 관리를 잘해야 한다.

멘토를 통해 배워라

멘토를 통해 배워라

멘토는 뿌연 안갯속의 빛과 같다. 내가 가진 비전과 내가 가고자 하는 길은 미래의 시점에 있기 때문에 현재의 나는 확실히 알지 못한다. 따라서 비전을 가지고 있고, 가고 싶은 길이 있어도 '정말 이 길로 가면 되는 것일까?'라는 생각이 들게 마련이다. 이럴 때 내가 가고 싶은 길을 먼저 걸어가서 성공한 멘토를 찾아보자. 멘토를 따라가 보는 것만으로도 시행착오를 할 확률이 줄어들고, 나의 비전에 더욱 확신을 가지게 된다.

우리 시대의 멘토 1위 안철수도 자신의 인생에 영향을 끼친 멘토가 있었다. 그에게 가장 큰 멘토는 바로 아버지였다. 그리고 배려를 가르쳐 준 어머니와 노력의 중요성을 일깨워 준 히로나카 헤이스케, 겸손을 가르쳐 준 리처드 파인만, 중요한 일이 무엇인지 알려 준 제리 포라스, 끝없는 배움을 일깨워 준 앤드류 그로브, 세계화의 필요성을 알려준 토머스 L. 프리드먼, 정치적 멘토인 김종인 등이 있었다.

여러분들도 꿈이 있다면 그 꿈을 이룬 사람을 멘토로 삼아 그 사람처럼 행동하고 생각하면 실패하지 않고, 쉽게 이룰 수 있다.

01 솔선수범의 중요성을
알려준 아버지

안철수는 아버지의 영향을 많이 받은 것으로 유명하다. 안철수는 "아버지의 말 없는 가르침에서 깊은 깨달음을 얻었다."라고 방송에서 얘기하기도 했다. 안철수의 아버지는 안철수에게 자신의 생각을 강요하지 않고 아들이 생각하고 결정하도록 묵묵히 지켜봐 주셨다. 이런 모습에서 안철수는 말 없는 가르침을 받았다.

안철수의 아버지 안영모는 일제강점기 시절 6년제 부산공립공업중학교를 졸업하고 서울대 의대를 나와 7년간 군의관 복무를 마친 뒤 의사의 길을 걸어왔다. 그는 1963년, 갓 돌이 지난 아들 안철수를 안고 간 당시 부산의 판자촌, 범천동에서 병원을 개업했다. 당시 범천동은 영양실조와 각종 고질병이 난무하던 가난한 동네였다.

안영모는 가난한 사람들을 배려하여 시내 병원의 절반만을 진료비로 받으며 형편이 어려운 사람들을 치료해 왔다.

안철수가 어렸을 때 아버지가 신문에 난 적이 있는데, 신문 배달하는 소년이 교통사고를 당해서 무료 진료를 해주었다는 내용이었다.

어린 안철수는 물었다.

"아버지 왜 무료로 치료해 주셨어요?"

아버지는 말했다.

"신문을 돌리는 어린 학생이 돈이 어디 있겠니? 그러니 그냥 주어야지."

안영모는 또 56세의 늦은 나이에 전문의 시험공부를 해서 자격

증을 땄다. 안철수는 나이가 들면 공부하기 어려울 것이라 생각했
지만, 아버지의 모습을 보고 그 생각이 바뀌었다고 한다. 그가 나이
40대 중반에 다시 학생으로 유학을 떠날 용기를 낼 수 있었던 것도
이런 아버지의 영향을 받았기 때문이다.

안영모는 안철수에게 "돈에 눈을 두지 말고 명예를 중히 여겨라.
지금까지 좋은 일을 했다 하더라도 앞으로 더 많이 해야 한다. 평생
남을 위하는 마음으로 살아라."라고 이야기해 왔다. 안철수의 "능력
있는 사람이 사회에 베풀어야 한다."라는 인생철학은 아버지로부터
온 것이다.

안철수는 어릴 때부터 아버지의 영향을 크게 받았기에 다음과 같
이 말했다.

"세상을 살아가는 방식에 대해 아버지로부터 직접 가르침을 받은
일이 없지만, 아버지께서 솔선수범하시는 모습을 보고 인생의 가치
관을 세웠다."

안철수는 아버지의 가정교육에서 느낀 바를 바탕으로 부모들에
게 자주 다음과 같이 이야기를 한다.

"어차피 부모의 영향력은 친구나 주위 환경보다 크지 않으니 부
모가 최대한 할 수 있는 것은 그 아이의 환경을 제대로 만들어 주는
일이다. 따라서 아이들에게 책을 읽게 하고 싶으면 아이들에게 책

을 읽으라고 이야기하지 말고, 부모가 직접 책을 읽는 모습을 보여
주는 것이 좋다."

TIP

안철수의 아버지는 안철수에게 직접 가르치기보다는 자신이 솔선수범함으로써 자연스럽게 안철수가 영향을 받도록 하는 가정교육을 하였다. 안철수는 나이가 들면서 아버지의 생활 방식에서 영향을 받아 남을 배려하는 마음을 갖게 되었고, 항상 공부해야 한다는 것을 깨달았다. 그래서 지금도 안철수는 자신의 직원들은 물론 만나는 사람들을 배려하고 있다. 그리고 시대의 변화에 뒤지지 않기 때문에 항상 공부를 게을리하지 않는다.

안철수가 대단한 것은 시대에 뒤처지지 않고 미래를 내다볼 수 있는 시야를 가지게 된 것인데, 이는 바로 아버지가 보여준 끊임없이 공부하는 모습에서 배운 결과라고 할 수 있다.

02 배려를 가르쳐 준 어머니

안철수가 생각하는 배려의 의미는 상대의 발전을 자극하고 도와 주는 마음과 태도이다. 안철수는 남을 배려하는 것이 얼마나 중요 한지를 가르쳐 주신 분은 어머니였다고 한다. 어머니께서는 무슨 일을 하건 간에 남을 먼저 생각하고 존중하라고 하셨고 늘 그것을 몸소 실천하셨다.

특히 안철수의 어머니는 안철수가 어릴 때부터 성인이 된 지금까 지 한 번도 반말을 하지 않은 것으로 유명하다. 안철수는 이러한 어 머니와의 대화에서 많은 것을 배웠고, 사회생활에서 남을 배려하는 마음을 가지게 되었다.

안철수가 고등학교 때의 일이다. 급한 일로 택시를 타게 되어 어머니께서 택시를 잡아주었다.

어머니는 택시를 타고 가는 안철수에게 말했다.

"잘 다녀오세요!"

안철수는 답했다.

"네."

차가 떠나자마자 택시기사가 안철수에게 물었다.

"혹시 저분이 형수님이시니?"

안철수는 말했다.

"아니요, 어머니인데요."

기사는 깜짝 놀라면서 말했다.

"학생은 훌륭한 어머니를 두었으니 나중에 그 은혜를 잊지 말고 잘 모셔야 한다."

안철수는 그때까지 어머니께서 자기에게 존댓말을 쓰고 있다는 것을 전혀 의식하지 못했다. 그러고 보니 어머니께서는 밥상을 차려 놓고는 "식사하세요." 하셨고 뭘 시킬 때에도 "하세요."라고 하셨다. 어머니가 자신에게 늘 존댓말을 썼기 때문에 아무렇지 않았는데, 택시기사가 어머니의 아들에 대한 존중과 배려심을 새삼스럽게 일깨워 주었던 것이다.

택시기사는 안철수의 어머니를 보고, 이런 어머니 밑에서 자란 사람이라면 분명히 성공할 것이라고 생각하였고, 성공하면 꼭 어머니의 은혜를 잊지 말라고 당부하였던 것이다.

안철수는 사회생활을 하면서도 누구에게나 존댓말을 사용한다. 그러다 보니 해군에서 대위로 군의관 생활을 하던 시절에도 하급자들에게 반말이 나오지 않아 애를 먹기도 했다. 부하에게 반말이 나오지 않아 "이것 좀 해줄래요?"정도의 말만 했다고 한다.

또 안철수는 지금까지 남들 앞에서 화를 내본 적이 없다고 한다. 원래 남 앞에 잘 나서지 못하는 내성적 성격인데다 부모님으로부터 받은 배려가 습관적으로 배어 있기 때문이다.

안철수는 이러한 자신에 대해서 "저는 욕을 못 해요. 남에 대한 배려를 지나치게 할 때는 저 스스로에게는 화가 나기도 해요. 제가 잘못한 부분에 대해서……. 화가 나면 남들 앞에서 화를 내기보다는 욕실에서 샤워하다 혼자 고함을 지른 적도 있어요."라고 하였다.

안철수는 인간관계에 있어서 배려를 매우 중요한 요소로 파악하였다. 그는 사람들을 만날 때나 회사 직원들을 만날 때, 상대방의 어려운 점이 무엇인지 관심을 두고 들어주려고 하고 있다. 이러한 태도는 사람들에게 자신을 믿어 주고 있다는 신뢰감을 주었다.

배려는 남을 이해하려는 믿음에서부터 시작한다. 따라서 사람과의 만남에서 상대가 나에게 얼마나 도움이 되는가를 계산하기보다는, 내가 상대를 위해서 조금 손해를 보겠다는 마음을 가지는 것이 좋다.

03 노력의 중요성을 일깨워 준
히로나카 헤이스케

안철수는 자신이 뛰어난 재주를 가지고 있다고 생각하지 않았기 때문에 남보다 열심히 노력하며 살아왔다. 안철수가 이렇게 생각하고 노력한 것은 일본의 수학자인 히로나카 헤이스케가 쓴 《학문의 즐거움》이란 책을 읽고 느낀 바가 많았기 때문이라고 하였다.

히로나카 헤이스케는 1931년 일본 야마구치 현에서 15남매 중 일곱 번째 아들로 태어났다. 그는 집은 어릴 때는 부유했으나 중학교에 들어가면서 집안 형편이 어려워졌다. 먹고 살기 어려울 정도로 가난해서 힘든 노동일을 하면서 집안 살림을 도와야 했다. 행상으로 생활을 유지하던 아버지는 자식들이 자신을 도와 돈을 벌기를 원했기 때문에 그는 대학 입시 공부도 몰래 숨어서 해야 했다. 교토 대학에 입학해서도 가정교사 생활을 하면서 본인이 학비와 생활비를 모두 벌어야 했다.

히로나카 헤이스케가 수학의 길을 택한 것은 대학교 3학년 때이다. 그는 한 세미나에서 '특이점 해소'라는 문제를 처음 접하게 되었는데, 이 문제를 해결하겠다고 결심하고 10년 동안 파고들게 된다. 그리고 10년 후인 1962년, 이 문제를 해결하고 수학의 노벨상이라 불리는 필드상을 받았으며, 세계 최고의 대학인 하버드대학의 교수가 되었다.

안철수는 대학원 다닐 때, 히로나카 헤이스케의 자전적 수필집인 《학문의 즐거움》을 읽고 큰 감동을 받았다고 이야기한다.

히로나카 헤이스케는 이 책에서 "어떤 문제에 부딪히면 나는 미리 남보다 시간을 두세 곱절 더 투자할 각오를 한다. 그것이야말로 평범한 두뇌를 지닌 내가 할 수 있는 유일한 방법이다."라고 했다. 안철수는 수학의 최고상을 받은 히로나카 헤이스케의 노력하는 삶의 태도에 깊은 감동을 받은 것이다.

히로나카 헤이스케가 이렇게 생각한 이유가 있었다. 그가 대학을 다닐 때 동기생들 중에는 수학적 재능이 뛰어난 사람들이 많았다. 그리고 하버드대학에서 교수로 있을 때도 19세에 박사학위를 받은 학생들을 비롯해 주변에는 뛰어난 두뇌를 가진 천재 학생들이 많았다. 그런 학생들을 보면서 그는 자신의 평범함을 인정하게 되었고, 더 열심히 노력해야겠다고 생각하게 된 것이다.

　　안철수는 히로나카 헤이스케가 평범한 사람들과 달랐던 것은 '자신이 평범하다는 것을 깨달았지만 좌절하지 않고, 자신의 한계를 극복하려고 노력했다는 점'이라고 생각했다. 평범한 사람이 노력을 거듭한 끝에 원래 천재였던 사람들보다 더 빛나는 업적을 남길 수 있다는 이야기를 읽고 안철수는 자신도 노력만 하면 성공할 수 있다는 큰 교훈을 얻었던 것이다.

　　안철수가 의대 공부를 하면서 새벽 시간을 내어 바이러스 백신을 개발하고, 컴퓨터에 관련된 글을 쓰는 등 남들보다 몇 배 노력하며 살 수 있었던 것은, 히로나카 헤이스케의 노력하는 태도를 본받기 위해 자신도 끊임없이 노력했기 때문이었다.

04 겸손을 가르쳐 준 리처드 파인만

안철수는 자신에 대한 칭찬을 들을 때마다 마음속으로 겸손해져야 한다고 다짐을 했다. 안철수가 겸손한 생활을 하게 된 것은 미국의 리처드 파인만이 쓴 《파인만 씨, 농담도 잘하시네요》라는 책을 읽으면서 느낀 바가 많았기 때문이다.

안철수는 "나에게 끊임없이 연구하고 노력하는 자세가 있다고 한다면, 그것은 리처드 파인만의 책에서 크게 영향을 받아서일 것이다."라고 말한다.

미국의 물리학자인 리처드 파인만은 20세기를 살아간 물리학자 가운데 가장 유명한 인물로 손꼽는다. 리처드 파인만은 1954년 알베르트 아인슈타인상을 수상한 데 이어, 1965년에는 노벨 물리학상을 수상한 세계 최고의 학자다. 그는 복잡하고 어려운 과학을 가볍고 유쾌하게 대중에게 전달하는 과학의 전도사로 유명하다.

리처드 파인만은 어린 시절엔 라디오를 잘 고치기로 소문난 기술 자였고, 금고와 자물쇠 여는 것이 취미였으며, 뛰어난 드러머와 화가로도 활약했다. 공부도 잘하고, 놀기도 잘하고, 잘생겼고 웃기고, 예술적 감각도 뛰어나서 드럼도 잘치고, 그림도 잘 그리며 여자 친구도 많았다. 한마디로 다재다능한 사람이었다.

리처드 파인만은 스스로 개구쟁이라고 인정할 만큼 어릴 때부터 호기심이 많았다. 그는 12세 때 집안에 실험실을 차려 직접 모터와 광전기관을 만들고, 현미경으로 여러 가지 재미난 동식물을 관찰하기도 했다. 리처드 파인만은 왕성한 호기심으로 인해 물리학에서 큰 성과를 거두게 되었다.

리처드 파인만은 유머러스하고 재치 있는 사람이었다. 이런 리처드 파인만이기에 재미난 일화도 많다.

1965년, 노벨물리학상을 받은 그에게 밤중에 전화가 걸려 왔다.

"노벨상 수상 소식을 전해 드리려고 전화했습니다."

"뭐요? 겨우 그것 때문이란 말이오? 그런 것이라면 아침에 전화해도 되잖소?"

"하지만 좋아하실 줄 알았습니다."

"이봐요. 나는 자고 있었단 말이오. 아침에 다시 전화하시오."

파인만은 여동생과 하늘에 대한 이야기를 하다가 여동생이 파인만에게 말했다.

"하늘은 내가 연구할 테니 오빠는 절대 연구하면 안 돼."

그 후로 파인만은 여동생의 허락 없이는 정말 천문에 대한 연구를 하지 않았다. 학교에서 천문에 대한 연구를 할 기회가 있었는데도, 파인만은 "동생에게 하늘을 연구한다는 허락을 맡아야 한다."라고 말할 정도로 철두철미한 사람이기도 하였다.

TIP

안철수는 파인만이 쓴 자전적 수필집인 《파인만 씨, 농담도 잘하시네요》를 읽고, 진정한 천재란 바로 이러한 사람을 두고 하는 말이라는 것을 깨달았다. 파인만은 아주 어렸을 적부터 다재다능했고, 상상을 초월하는 비범함을 보여 주었다. 그의 천재성은 시도하는 일마다 좋은 결과로 나타났다.

안철수는 이 책을 통해 조금 재주가 있다고 해서 교만해져서는 안 되겠다는 생각을 하게 되었다.

05 중요한 일이 무엇인지 알려준
제리 포라스

안철수는 2000년 중반부터 안철수연구소에 대한 고민이 많아졌다. 회사는 커졌지만 모두를 하나로 묶는 공통의 비전이 없음을 느낀 것이다. 그때 배우는 것을 좋아하는 안철수는 2000년 9월 미국 스탠퍼드대학에 벤처 기업가 교육을 받으러 갔다.

2주 동안 매일 75분짜리 강의를 들었다. 모든 강의들이 그의 가슴에 와 닿았지만, 그중에서도 《성공하는 기업들의 8가지 습관 Built to Last》의 저자 중 한사람인 제리 포라스의 강의가 가장 가슴에 남았다.

제리 포라스는 강의에서 벤처 기업가들에게 말했다.

"영속적인 성공 기업들은 공통적으로 핵심 가치에 따른 비전을 가지고 있다."

강의를 듣고 난 후 안철수는, 책을 읽었을 때는 깨닫지 못했던 것을 깨우치게 되었다. 안철수연구소가 나아가야 할 방향을 설정한 것인데, 그것은 바로 회사의 핵심 가치 만들기였다. 안철수연구소는 회사의 핵심 가치를 '영혼이 있는 기업 만들기'라고 정했다.

제리 포라스는 미국의 경영학자로 스탠퍼드대학 교수이며, 16년 동안 같은 대학원의 최고경영자 과정을 운영했다. 그는 GE와 록히드에서 일했으며, 미국의 주요 기업 중역들의 상담과 교육을 맡고 있다. 그의 책 《Built to Last》는 우리나라에서 《성공하는 기업들의 8가지 습관》이라는 책으로 번역되었다.

제리 포라스는 "기업들을 보니 어떤 기업은 금방 사라지고, 어떤 기업은 100년이 넘도록 영속한다. 아주 오랫동안 성공적으로 살아남는 기업은 창업자가 죽고 CEO가 몇 번 바뀌고 회사의 사업 분야가 달라져도 계속 살아남는다. 그렇다면 그런 기업은 곧 사라지고 마는 기업과 어떤 차이가 있을까?"라는 고민을 하기 시작하였다. 《성공하는 기업들의 8가지 습관》은 1989년부터 6년 동안 성공하는 기업들의 특징 8가지를 자신의 경험과 사례 등을 종합하여 쓴 책이다.

안철수는 제리 포라스의 강의를 들으며 "기업의 핵심 가치를 포기할 바에는 차라리 회사를 없애야 한다."라고 생각했다. 그리고 '영혼이 있는 기업 만들기'라는 안철수연구소의 핵심 가치를 만들었다. 안철수는 영혼이 없는 기업은 회사를 없애야 할 만큼 존재할 이유가 없다고 보고, 영혼이 있는 기업을 만들기 위해 열심히 노력하였다.

안철수는 핵심 가치의 중요성을 인식시켜 준 이 책을 승진 시험 때마다 필독서로 정했다. 그리고 승진 면접에서 회사의 비전을 어떻게 자기의 업무에 적용했는지를 물었다. 제리 포라스는 안철수에게 무엇이 중요한 것인지 알려준 것이다.

06 끝없는 배움을 일깨워 준
앤드류 그로브

안철수는 앤드류 그로브의 《편집광만이 살아남는다》를 읽고 뜻밖의 사실을 알게 되었다고 한다. 책을 읽기 전에 그는 인텔 같은 회사의 CEO는 굉장히 편한 직업이라고 생각해 왔다. 그런데 책에서 세계적인 기업의 CEO인 앤드류 그로브가 끊임없이 회사를 위해 고민했던 흔적을 느낀 것이다.

1936년 헝가리 부다페스트에서 태어난 앤드류 그로브는 인텔을 창업하고 이끌어 온 세계적인 최고경영자이며 '반도체 제왕'이다. 뉴욕시립대학을 졸업하고 캘리포니아 버클리대학에서 화학공학 박사학위를 받았다. 고든 무어, 밥 노이스와 함께 실리콘밸리에 인텔을 창업하여 세계적인 반도체 회사로 만들었다. 앤드류 그로브는 경영의 귀재였다. 그는 석유 파동으로 한때 경영 위기를 맞았던

1979년 대표이사 사장으로 취임하여 인텔을 세계적인 기업으로 만들었다.

앤드류 그로브는 유대인의 집안에서 태어났다. 부모님은 어려서부터 그의 교육에 관심이 많았다. 아버지는 그에게 영어 과외를 시켰는데, 제2차 세계대전에서 승리한 미국의 영향력이 앞으로 커질 것이라 예상했기 때문이었다. 어머니도 금목걸이를 팔아서 영어 과외를 시킬 정도로 교육열이 높았다. 그는 영어 공부를 싫어했지만, 영어 공부해 둔 덕분에 미국으로 망명할 수 있는 기회를 잡았다. 그뿐만 아니라 미국 사회에 빠르게 적응하여 인텔 창립을 함께 할 수 있었다.

앤드류 그로브는 최고의 자리에서도 자세를 낮추고 끊임없이 배우는 사람이었다. 경영을 막 시작했을 때, 자신이 경영에 대해 아는 것이 없음을 느끼고 닥치는 대로 공부했다고 한다. 그리고 전설적인 최고경영자의 자리에 올라서도 귀를 열어 놓고 다양한 의견을 들으며 배우려고 했다.

앤드류 그로브는 배움 경영을 중요하게 생각하였는데, 이에는 세 가지 원칙이 있다.

첫째, "새로운 문제에 부닥치면 이전에 알고 있던 모든 것을 잊어버려라."

1980년대 중반 메모리 반도체로 승승장구하던 인텔은 새로 나타난 일본 경쟁사들과의 가격 경쟁에서 밀리기 시작하면서 큰 위기를 맞았다. 그러나 인텔 경영진과 직원들은 인텔이 일본 기업에 뒤진다는 현실을 쉽게 인정하려 하지 않았다. 이때 인텔의 2인자이던 앤드류 그로브는 당시 CEO였던 고든 무어에게 이렇게 물었다.

"만일 주주들이 새로운 경영진을 들여온다면 그들은 무엇을 할 것이라고 생각합니까?"

고든 무어가 대답했다.

"회사의 역사를 생각지 않고 모두 확 바꿔 놓겠지."

그러자 앤드류 그로브는 "그럼 우리가 새로 들어온 사람이라고 생각하고, 지금 말씀하신 것을 그대로 하는 게 어떨까요?"라고 했다고 한다. 어려운 상황을 맞게 되면, 예전에 어떤 영광을 누렸더라도 더는 과거에 연연해 하지 않고 돌파할 수 있는 기회를 만들어야 한다는 것이다.

둘째, "져야 하는 논쟁에서 이기지 마라."

메모리 반도체 분야에서 RISC라는 신기술이 나왔다. 기술자들은 열광했고 기존 주력 기술인 CISC는 시시해 보였다. 신기술에 열광한 앤드류 그로브는 CISC를 버리고 RISC를 선택하려 했다. 그때 인텔의 기술자 두 명이 반대했다. 그들은 인텔에 가장 많은 돈을 오랫동안 벌어다 줄 기술은 CISC라고 확신하며 근거를 제시했다. 근거가 타당하다고 생각한 그는 자신의 생각을 포기했다.

그는 "나는 회사를 거의 망쳐 놓을 뻔했다. 신기술의 유혹에 홀렸던 모양이다. 나는 그 두 기술자에게 진심으로 감사한다."라고 회고했다.

내 생각만 맞다고 끝까지 주장하는 것이 아니라, 근거 있는 다른 사람의 주장이나 생각이라면 지는 것도 필요하다. 끝까지 근거 없는 내 생각만 주장하는 것은 논쟁에서 이겼더라도 사실은 진 것이나 다름없다. 그것을 받아들일 수 있는 열린 사고가 필요하다.

셋째, "어려운 결정을 내릴 때는 경영자가 아닌 경영학자가 돼야 한다."

인텔을 메모리 반도체 선두 주자에서 마이크로프로세서 기업으로 바뀌는 과정에서 이 원칙이 적용됐다. 인텔은 고부가가치 산업인 메모리 산업을 거의 10년간 독점하고 있었다. 그러나 점점 시장 경쟁에서 뒤지게 되면서, 더는 메모리 반도체에서는 승산이 없다고 판단하고 과감하게 업종을 바꿨다. 급격하게 패러다임이 변화하는 순간에 변화에 잘 적응하는 사람은 더 크게 성공하겠지만, 그렇지 못하면 10배의 힘으로 망하고 만다는 것이 그의 생각이었다. 이 결정으로 인해 단기적으로 직원 해고 등의 아픔을 겪기도 했지만, 그

뒤 10년 동안 인텔은 마이크로프로세서 분야에서 시장 지배적 기업이 된다.

TIP

앤드류 그로브는 인텔을 창업하고 나서 회사를 발전시키기 위해서 끊임없이 배우고 받아들이려는 자세를 지켜 왔다. 앤드류 그로브는 나이가 들고 지위가 높아도 현장 감각을 잃지 않기 위해 세부적인 사항까지 열정을 가지고 학습하였다.

안철수는 앤드류 그로브를 보고 세계 최고의 기업 CEO도 평생 회사 발전을 위해서 공부한다는 것에 대해 놀랐다. 그래서 인텔처럼 세계적인 기업의 CEO도 회사 운영에 대한 고민을 매일 하면서 사는데, 작은 안철수연구소에서도 고민을 더하면 더했지 덜하면 안 되겠다는 생각을 가지게 되었다.

07 세계화의 필요성을 알려준
토머스 L. 프리드먼

안철수가 제일 좋아하는 사람 중 한 명이 토머스 프리드먼이다. 안철수는 토머스 프리드먼을 세계적인 석학이나 대학교수보다 세계화의 개념을 제대로 정립한 사람으로 평가한다. 프리드먼이 쓴 《렉서스와 올리브나무》를 읽고 감명을 받았는데, 이 책은 세계화 시대가 무엇인지, 세계는 어떻게 작동하는지, 우리는 어떻게 대처해야 하는지를 설명해 준다. 이 책을 읽은 안철수는 저자의 세계화를 보는 시각에 대해서 적지 않은 충격을 받았다. 그리고 자신의 안철수연구소도 세계화에 맞는 준비를 해야 한다고 생각하게 되었다. 그뿐만 아니라 이 책은 그의 아내로 하여금 의사를 그만두고 법학을 공부하게 만들기도 하였다.

유대계 미국인으로 언론인인 토머스 L. 프리드먼Thomas L. Friedman,

은 미국 미네소타 주에서 태어나 브랜다이스 대학교를 최우등으로 졸업하고 옥스퍼드대학에서 중동학 석사학위를 받았다.

프리드먼은 UPI통신 베이루트 특파원을 거쳐 〈뉴욕타임스〉의 베이루트 지국장, 예루살렘 지국장을 지냈고 백악관 출입 기자를 역임했다. 그는 세 차례나 퓰리처상을 수상한 저명한 언론인 겸 작가로, 현재는 세계적인 국제 문제 전문가이자 〈뉴욕타임스〉 칼럼니스트로 활동 중이다.

프리드먼이 국제 질서와 외교 관계, 세계화 및 중동 문제에 관해 쓴 칼럼들은 깊이와 대중성을 겸비한 것으로 높이 평가받고 있다. 또한, 《렉서스와 올리브나무》, 《세계는 평평하다》, 《코드그린 : 뜨겁고 평평하고 붐비는 세계》, 《베이루트에서 예루살렘까지》 등 저서의 대부분을 베스트셀러 목록에 올린 유명 작가이기도 하다.

프리드먼은 〈뉴욕타임스〉 기자가 되어서 제일 처음 간 곳이 중동 지역이었다. 특파원으로 중동에 오래 있다 보니, 그곳의 역사와 역학관계의 전문가가 되었다. 그 다음 근무지는 월스트리트였으며, 여기에서는 금융 전문 지식을 쌓았다.

중동과 금융 양쪽 분야의 경험과 전문 지식을 쌓다 보니 프리드먼은 보통 사람은 볼 수 없는 그 둘 사이의 연결 고리를 찾을 수 있었다. 프리드먼은 두 곳에서의 경험을 아우르면서 '세계화'에 대해서 누구보다 전문가가 되었다. 프리드먼의 다양한 경험은 다른 경험과 만나면서, 더 큰 영향력을 발휘하였던 것이다.

TIP

안철수는 프리드먼의 책을 읽고 한국의 경제 성장이 세계화 속에서 이루어진다는 것을 깨닫고, 세계화를 위해서 노력하게 되었다. 안철수는 빠르게 세계화되고 있는 세상을 따라잡기 위해서는 국내 수준에 머물고 있는 서비스 수준을 국제 수준으로 끌어올리는 것이 시급하다고 생각했고, 이 책을 통해 서비스도 세계화가 가능하다고 깨닫게 되었다.

또한, 안철수는 프리드먼이 다양한 경험을 통해서 세계적인 영향력을 갖는 것을 보고, 한국에서도 특정 분야에서 쌓은 지식과 경험을 다른 지식과 연결해서 새로운 가치를 창조하는 사람들이 많이 나와야 한다고 생각하게 되었다.

■ 청소년들에게 주는 말

– 보장된 미래보다는 좋아하는 일을 선택하라.

– 안정된 직장에서만 근무한 엘리트들에 비해 좌충우돌하며 인생을 살아온 사람들은 나이가 들면 들수록 더욱 경쟁력을 갖게 된다.

– 고민은 축복, 행복의 열쇠이다. 고민을 통해 나를 찾아야 한다.

– 고민의 순간들을 돌아보면 가장 큰 성장의 기회였고, 고마운 시기였습니다. 고민을 통해 문제를 해결할 기회가 되었고 더 큰 성장의 발판이 되었습니다. 자기가 어떤 사람인지 알려면 자기가 어떤 선택을 하는지를 알면 됩니다. 결국, 선택과 행동이 중요하죠. 저는 겁이 많은 사람인 줄 알았는데, 결정을 할 때는 과감하게 옳다고 생각하는 것을 선택하는 힘이 있었습니다.

– 나는 항상 어떤 것이 나에게 더 의미 있고, 재미있게 잘할 수 있는 일인지를 선택하기 위해서 많은 고민을 합니다. 어떤 때

는 6개월 동안 내내 고민만 했어요. 고민을 하게 되면 많은 것들이 힘들지만, 그래도 내가 어떤 사람인지 알게 되었습니다.

- 아무리 오래 강둑에 앉아 강물을 바라봐도 강물의 세기를 알수 없는 노릇이다. 물살의 흐름을 알기 위해서는 신발과 양말을 벗고 강물에 뛰어들어야 피부로 느낄 수 있다. 설령 강물에 떠내려가는 수가 발생해도 이는 경험을 통해 깨닫게 되는 값진 순간이며, 이를 통해 또 다른 분야에서의 시행착오를 하지 않고 내 자신이 누구인지를 더 확실히 알 수 있게 될 것이다.

- 개인의 인생이나 조직의 역사에서 중요한 점은 좋은 시기에 얼마나 잘되느냐가 아니라, 어려운 시기를 얼마나 잘 보내느냐에 달려 있다.

- 운이라는 것은 기회가 준비와 만났을 때다. 모든 사람에게 기회는 온다. 준비된 사람만이 그 기회를 자기 것으로 가질 수 있다.

- 매 순간 열심히 살다 보면 저절로 길이 보인다.

- 자신에게 기회를 주는 것이 가장 중요하다. 미국 실리콘밸리는

성공의 요람이 아니라 실패의 요람이다. 100개의 기업 중 하나만 살아남는다. 하지만 실패한 기업이라도 도덕적이고 문제가 없다면 계속 기회를 준다. 실패한 사람이라도 계속 기회를 주는 것이 젊은이들의 도전 정신을 만든다.

- 열심히 살았던 삶의 태도는 핏속에 녹아 몸속에 흐르면서 남아 있다. 지식은 유한하지만 치열한 삶의 방식은 평생 가기 때문이다.

- 종종 사회생활은 교과서대로 하면 안 된다는 말을 듣는다. 그런데 나는 여기에 찬성하지 않는다. 나는 아직도 교과서와 책은 지혜와 행동의 좋은 기준을 얻는 데 있어 가장 효과적인 도구라고 생각한다.

- 나는 다른 사람과 비교하는 것에 큰 의미를 두지 않는다. 진정한 비교의 대상은 외부에 있는 것이 아니라 '어제의 나'와 '오늘의 나' 사이에 있는 것이라고 생각한다.

- 어차피 부모의 영향력은 친구나 주위 환경보다 크지 않으니

부모가 최대한 할 수 있는 것은 그 아이의 환경을 제대로 만들어주는 일이다. 따라서 아이들에게 책을 읽게 하고 싶으면 아이들에게 책을 읽으라고 이야기하지 말고 부모가 직접 책을 읽는 것을 보여주는 것이 좋다.

– 우주에 절대적인 존재가 있든 없든 사람으로서 당연히 지켜나가야 할 중요한 가치가 있다면, 아무런 보상이 없더라도 그것을 따라야 한다. 언젠가는 같이 없어질 동시대 사람들과 좀 더 의미 있고 건강한 가치를 지켜나가면서 살아가다가 '별 너머의 먼지'로 돌아가는 것이 인간의 삶이라 생각한다.

– 꿈도 없고, 남에게 감동도 주지 못하고, 노력하지 않는 무책임한 삶을 살아서는 안 된다.

– 그 어떤 경우에도 책임의 절반은 나에게 있다고 생각하고, 내게 고칠 점은 없는지 먼저 고민하고 노력한다면 다음에는 같은 실수를 반복하지 않을 것이다. 그리고 어떠한 잘못이 있을 때 최소한 절반의 책임은 나한테 있다고 생각하고, 내 내면을 들여다보면 세상 살기가 더 좋아질 텐데 사람들은 그러지 못하는 것 같다.

- 1962년 부산 출생

- 1986년 서울대 의대 졸업

- 1988년 V3 버전 개발

- 1988년 서울대대학원 의학석사

- 1989 ~ 1991년 단국대 의대 전임강사 및 의예과 학과장

- 1991년 서울대 의학박사

- 1991 ~ 1994년 해군 군의관

- 1994년 안철수연구소 설립 계획

- 1995 ~ 2005년 안철수연구소 대표이사

- 1995년 V3+와 V3 Pro 개발

- 1997년 미국 펜실베이니아대 공대 및 와튼스쿨 기술경영학
  석사

- 2000년 미국 스탠포드대 벤처비즈니스 과정 연수

- 2005년 ~ 안철수연구소 이사회 의장

- 2005년 ~ 포스코 사외이사

- 2008년 미국 와튼스쿨 최고경영자 MBA

- 2008년 KAIST 기술경영전문대학원 정문술석좌교수

- 2008년 대통령 자문 미래기획위원회 위원
- 2009년 대통령 소속 국가정보화전략위원회 위원
- 2010년 POSCO 이사회 의장
- 2011년 안철수연구소 이사회 의장 및 서울대학교 융합과학
  기술대학원장

LEADERSHIP

참고문헌

김상훈(2007),《네 꿈에 미쳐라》, 미래를 소유한 사람들

리처드 파인만 저/김희봉 역(2000),《파인만씨, 농담도 잘 하시네요》, 사이언스 북스

안철수(2005), CEO 안철수,《영혼이 있는 승부》

안철수(2004), CEO 안철수,《지금 우리에게 필요한 것은》, 김영사

안철수연구소 사람들(2010),《세상에서 가장 안전한 이름 안철수연구소》, 김영사

안철수(2010),《행복 바이러스 안철수》, 도서출판리젬

앤드류 그로브 저/유영수 역(2002),《편집광만이 살아남는다》, 한국경제신문사

최효찬(2010),《한국의 메모 달인들》, 위즈덤하우스

토머스 프리드먼 저/장경덕 역(2010),《렉서스와 올리브나무》, 21세기북스(북이십일)

포라스, 짐 콜린스 저/워튼 포럼 역(2002),《성공하는 기업들의 8가지 습관》, 김영사

히로나카 헤이스케(2008),《학문의 즐거움》, 김영사

안철수연구소 자료 참조

한국에서 가장 신뢰받는

안철수 리더십

초판 1쇄 발행	2012년 1월 14일
초판 2쇄 발행	2012년 7월 30일
지은이	전도근 · 윤소영
펴낸곳	BOOK★STAR
펴낸이	박정태
출판등록	2006. 9. 8. 제 313-2006-000198 호
주소	경기도 파주시 문발동 파주출판문화도시 500-8
	광문각 B/D 4F
전화(代)	031)955-8787
팩스	031)955-3730
E-mail	Kwangmk@unitel.co.kr

ⓒ 2011, 전도근 · 윤소영
ISBN 978-89-97383-00-9   44040
      978-89-966204-7-1   (세트)

정가   12,000원